給中學生的

成長型思維女孩指南

作者—坎卓兒．寇茲教育博士
漫畫—吳宇實　譯—劉嘉路
審定—鄭皓仁臨床心理師
（寬欣心理治療所所長）

三大關鍵能力，
自信、勇氣、意志力
一次學會！

給中學生的成長型思維：女孩指南

目錄

企劃緣起 **從十三歲開始，培養面向未來的關鍵能力！** 04

專家推薦 **掌握正向思考力，讓心理更強韌與豐盛** 08

第一章 **觀念篇**：成長型思維的力量，帶你發展無限可能！ 11

第二章 **運用成長型思維，打擊八大固定型思維痛點**

相信自己

痛點 1 **覺得自己「沒辦法做那件事」，不敢也不想去做。** 23

解決方案：學習是成就的關鍵，大膽啟動你的超能力 30

痛點 2 **我的能力和個性沒辦法改變和進步……** 53

解決方案：相信你的大腦是可以成長的！ 60

痛點 3 **內心總有很多想法飄過，總覺得思緒亂糟糟。** 77

解決方案：靜下心觀察，你的心靈強大無比 84

面對恐懼和不完美

痛點4 面對新的挑戰總感到害怕而裹足不前。 105
解決方案：帶著恐懼上路，恐懼能幫助你成長 112

痛點5 害怕自己做得不夠好、不夠完美。 131
解決方案：沒有人是完美的，不完美之處正是你的進步空間 138

結合資源成為力量

痛點6 當我想挑戰新事物，總會被挫折打敗。 155
解決方案：有挫折表示你是真正的在學習，勇敢前進吧！ 162

痛點7 有時候會覺得某件事好像只有自己在意。 179
解決方案：自信一點，成為開創的那個人 186

痛點8 常常覺得自己一個人的力量很薄弱。 201
解決方案：結合志同道合的好朋友，讓他們成為你的力量 208

企劃緣起

從十三歲開始，培養面向未來的關鍵能力！

文／親子天下董事長兼執行長　何琦瑜

寫給讀這本書的「青少年」們：

打開這本書的你，可能每天被考不完的試、寫不完的功課，或總是背了又忘、忘了又要背的課本，霸占了多數的青春時光。也或許你看穿一切，根本已經放棄；或是你正在學校裡打混，想辦法在老師和父母所給的壓力夾縫中求生存。不論如何，偶爾在你發呆、打手遊、看Youtube的餘暇中，或是埋首功課煩悶的夜晚，一定曾經想過：這一切，所為何來啊？白話翻譯就是，我現在花這麼多時間做的事情、學的這些東西，到底以後，是可以幹嘛的呢？

如果你腦海裡曾經閃過這個「大哉問」，恭喜你，這代表你開始對自己的未來有所想像和期許！如果你試圖主動思考、想要安排規劃「你的人生」

（而不是你爸爸媽媽交代而勉強去做的喔），那麼這個系列【十三歲就開始】，就是為你準備的。

學校沒有教，卻更重要的事

你對自己的未來有什麼夢想和期許？想當畫家或歌手？銀行家或老師？或是你根本沒想那麼遠，只想變瘦一點讓自己更有自信，或是想要多交朋友讓自己更快樂；也許你希望英文變好一點可以環遊世界，或是可以更有效率的通過考試念到好高中或大學……，不論那個「未來」是遠是近，是什麼樣的圖像，只要你想要「改變」什麼，「完成」什麼，你就已經開始學習，為自己的人生掌舵。就像開飛機或開車，你得要先經過駕訓班，裝備一些開車開飛機的基本概念、操作技術和能力認證，才能上路；「掌舵」你自己的未來，也需要裝備一些「關鍵能力」，能夠幫你更快實現夢想、達成目標、真正負起責任，並取得別人的授權與信任。

這些必須裝備的「關鍵能力」包含：

- 認識自己的長處和優勢、懂得為自己設定方向的目標力
- 計畫、改善、行動的執行力
- 獨立思考、解讀判斷的思辨力
- 用文字和口語，論情說理、表述清晰的溝通力
- 與他人相處、合作、交往的人際力

【十三歲就開始】是陸續往這些關鍵能力發展成書的系列。書裡面沒有「老人的教訓」，而是幫助你上路的「使用說明」。因為我相信，開始讀這本書的你，一定是個極有主見，而且時時想要讓自己更好的讀者。你聽的嘮叨夠多了，我們不必多加贅言。所以，我們替你綜整各方各派有用的方法和工具，深入了解這個年紀開始碰到的「痛點」，提供具體的「行動方案」。書裡各式各樣發生在生活裡的難題和故事，也幫助你提前想一想：如果換做我是主角，面對同樣的兩難，我會怎麼做？

這個系列中各書的主題，都是你馬上用得到，生活裡就能馬上練習的能

力。有時間和心力的話，你可以照表操課，不斷演練改進。若沒有餘裕，也可以讀一讀書，找到一、兩個適用的工具或提醒，謹記在心，潛移默化的向目標前進。

有些大人認為，少年人都沒有韌性和毅力。我不相信這個說法，相信你也不會服氣。【十三歲就開始】這個系列，就是希望能陪伴有志氣的你，務實做好面對世界、面對未來的準備。讓你有信心的說：「相信我，我做得到！Yes I can！」

專家推薦

掌握正向思考力，讓心理更強韌與豐盛

文／寬欣心理治療所臨床心理師　鄭皓仁

身為臨床心理師，常常受邀到機構或企業演講，最受到老闆跟主管們期待的演講主題就是「壓力調適」，因為長年的職場管理經驗告訴他們，壓力調適能力、挫折復原能力、成長思維等心理素質可說是影響員工長期職場表現的關鍵因素，影響程度甚至大於專業技能與知識等硬實力。我們在生活中也常常看到，畢業時成績程度相當的兩個人，心理素質往往決定了他們後續發展的差異，這個差異不僅影響職涯發展，也影響個人的心理幸福感。

良好的心理素質絕對無法靠著一場演講就養成，要改變一個成年人的思考慣性實在不容易，就算後來好不容易改變了，也可能已經錯過冒險與嘗試探索不同經驗的最佳時機，往往要付出更大的代價。相反的，如果能在性格與信念的形塑期，例如青少年階段，就能開始覺察到毒性的思考習慣，藉由接觸不同的典範與觀點，拓展視野與轉換成長型思維，那麼就有機會及時改變對犯錯的恐懼。當你們在這麼年輕的時候，有機會嘗試更多不同的學習，成長心態不只有助於維持正向情緒，更能讓你們把握時機，充分的探索與發展學業、社團、校外生活等領域，發展個人的興趣與優勢能力。

因此，在得知親子天下為青少年推出這套書籍時，心裡很是雀躍，閱讀過程更對內容的豐富程度讚嘆不已，內容知識性非常具有深度，但是以有趣、容易理解的方式呈現，還有相當實用的領導反思與改變步驟，例如成長型思維章節當中介紹的「神奇的字：還」技巧，非常接近我們在心理諮商中，協助個案調整非黑即白認知偏誤時的認知行為治療技巧，如果你們在閱讀的過程中，願意按照書中的練習，將自動浮現的挫折性思考，加上神奇的「還」一字，也許就能馬上感受成長型思維的威力。例如，當你對自己說「我不會這一題」，如果轉變成「我還不會這一題」，就可以體驗到「還不會」帶來的更多的可能性與行動的動力。

書中類似的實用技巧多不勝數，包括如何分辨「我不喜歡」還是「我不擅長」，分辨「恐懼型決定」還是「成長型決定」，讓我們開始注意到那些不知道從那裏來的挫敗信念，不再被這些信念限制住，練習改寫自己的故事。

書中輕鬆活潑的漫畫，卻混搭著神經心理學的新知，了解神經可塑性，學習更有意識、更有技巧的轉換自己的專注點，例如練習如何自我激勵，對改變或突破 say yes，練習如何把犯錯當作好事，甚至連跨國企業極力引進的正念練習都包括在書中，這些連許多大人都不會的心理素質培養技巧，如果能在青少年階段就開始學習，可預見你們有極大的機會成長為心裡更健康、更強韌也更快樂的大人。

祝福你們，成為心理豐盛的新世代。

第1章 觀念篇

成長型思維的力量，
帶你發展無限可能！

踏上成長的旅程

你知道嗎？在你翻書的這一刻，你本身其實就充滿了力量！善用這個力量，你能夠學習、改變、設計、創造、幫助、啟發、教導別人和成長。你能夠設定目標，然後圓滿達成，實現自己的夢想。你能改變世界——你是今日和明日的思考者、學習者、發明者、設計者、改變者、築夢者和領導者。

這股力量到底來自哪裡呢？是你自己。你本身就擁有可塑性，你可以改變、學習任何你想要的事情。這種力量已經在你自身裡面，你，就是力量。

你要如何使用這個力量？

這本書是一個理想的起點。你可以把這本書想成自己即將踏上的成長旅程，一條讓你更加認識自己的道路。你要怎麼把書中的建議化為行動，取決在你。你可以當社區志工、向新朋友自我介紹、加入團體運動、參加音樂劇或是舞臺劇的角色甄選、參加科學、科技、工程、藝術或是數學社團，設計和組織一項計畫、在學校擔任領導者的角色、在街道上昂頭跨步前進、學習新樂器或是語言，或者寫一篇短篇故事，甚至是一本書！

在這本書裡，你會發現更多關於藏在自己體內的這股力量，以及如何釋放和運用它。

準備好，開始成長！

你的可能性是無限的，你在成長旅程中創造出的願景更是沒有界線。

準備好以下這些能力，邁向屬於你的歷險！

- ☑ **訓練自己的好奇心和勇氣**
- ☑ **增加自信**
- ☑ **設定目標並圓滿達成**
- ☑ **提出問題，找出能鼓舞自己更明白事理的新方法**
- ☑ **自信的向他人分享你的想法和意見**

- ☑更加了解自己的思緒和情緒
- ☑激發自己的創造力
- ☑接受安全且有趣的學習風險和挑戰
- ☑坦然接受失敗
- ☑從錯誤中學習
- ☑練習同理心
- ☑滋養與朋友、家人和老師等之間的關係
- ☑打破舊規則並創造新規則
- ☑拒絕老舊落伍的思維
- ☑設計、創造自己的道路

相信自己，你就是力量

準備好了嗎？你會需要的最重要事物就是——你自己！為了釋放出你的力量，你需要讓自己大膽嘗試，不管自己此刻是什麼模樣，都願意將它展現出來。你會需要練習對自己和善、有耐心；你會需要無比的好奇心去提出問題；你會需要信心和勇氣做自己；你會需要勇氣去探索新的思考方式；你也會需要容許自己犯下錯誤。相信我，這會很有趣！

你需要的最後一樣東西，是知道這是一塊安全的學習地帶，沒有批判，也沒有評估和評鑑。這裡沒有對錯，你不需要向任何人證明任何事情。歡迎你所有的想法和感受！

如果你願意，現在就拿起紙筆寫下來，或直接記在腦海裡。當你覺得靈感泉湧時，這本書還有一些空白處可以讓你寫下來做紀錄。所有珍愛和在乎你的人，會想和你一起學習，因此當你準備好時，不妨和他們分享你的成長旅程。盡可能向他們提出問題，也分享你的看法和感受。

男孩、女孩都受用

這本書是為所有生理或心理性別是女孩或年輕女性的人而寫的。在這裡，你會找到所有在青少年乃至成年時期各階段的支持。如果你的生理或心理性別是男生而且正在讀這本書，這裡也有許多很酷的建議值得你學習唷！

我們可以選擇勇氣，也可以選擇安適，但我們沒辦法兩者都要，至少不能同時魚與熊掌都要。

——布芮妮．布朗（BRENÉ BROWN）
美國休士頓大學社會工作研究院研究教授

使用本書的方法：

本書特別列出在你的日常生活中，最容易思考卡關的八大痛點，運用成長型思維的架構提供簡單、可行的解決方案。每個痛點的解說都包含了：

每一則痛點會先以漫畫故事開場，讓漫畫人物帶領你找出問題點。

每則漫畫提供心理師針對角色與情境的分析，並給予有效的應對建議。

跟著文章裡的引導，啟動思考力，一步步給予自己正向的能量。

透過名人金句，增進成長的勇氣。

每個單元提供一則女性名人的勵志故事，看看她們如何透過行動力，完成心中的目標。

每個單元提供數個延展練習，讓你經由練習運用成長思維，增進正向思考的能力。

使用本書時，你可以按照順序，從第一單元進行到第八單元。如果你很清楚自己的問題點，也可以直接從你覺得有幫助的問題點，開始研讀。

漫畫人物介紹

接下來的每一個單元，都會由這幾位可愛的漫畫人物來陪伴你運用成長型思維解決各種思考卡，他們每一個人都有一些思考上的盲點，找找看誰卡關的問題點和你最相近，跟著他們一起解決這些惱人的困擾吧！

琪琪

吉他社社長，生性大膽，做事勇往直前。但不能接受失敗，輸了就發脾氣。

品軒

吉他社副社長。只願待在舒適圈，不願意接受改變。很細心體貼，能看透別人的心思。

吉他社指導老師，彈吉他技巧高超，是學生們崇拜的對象。

自信心不足，做事小心謹慎，總是擔心自己做不好，因此常常裹足不前，明明學得快又做得好。

追求完美，不容許自己失誤，對自己很嚴苛，對別人很寬容，樂於助人。

痛點 1

覺得自己「沒辦法做那件事」，不敢也不想去做。

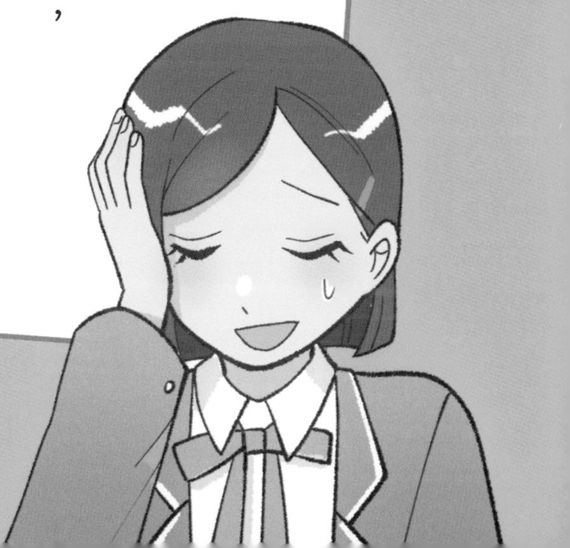

面對沒做過的事，如果沒去嘗試，永遠不知道自己做不做得來呢！

學長彈吉他的樣子好帥！
好好聽喔！
學姐自彈自唱，看起來也好有氣質。
真希望我也會彈吉他。
歡迎加入
吉他社
歡迎加入
言言，
我們也加入吉他社吧！

可是……我連吉他怎麼拿都不會。
我手指這麼短，會不會按不到弦？
唉，萬一上臺表演的時候彈錯音，會很丟臉。
我們還是聽別人彈就好了。
可是……我又好希望自己也會彈吉他。
帥氣逼人
學妹，有什麼事嗎？
沒……沒事，
我們只是剛好經過。
妳好像經過很多次了。

她，她想學吉他！
沒……沒有。
拍
進來吧！我們剛好缺社員。
不要啦，我不會彈吉他，
我學不會啦～
歡迎參加吉他社！我是吉他社社長。
給你，彈彈看。
哇——弦斷了
哇——
彈錯了！

我……
我不敢。
不用怕，社長不會咬人。
我從來沒學過，我不會彈……
嗯嗯，你很有彈吉他的天賦。
加入我們吉他社，多練習，
一定可以突飛猛進。
小心機
跟著譜彈，這首是最簡單的。
這些是什麼豆芽？我根本看不懂~

當你遇到吸引你的新技能或新知識，是否觀察過自己心裡第一個出現的想法呢？如果你出現的想法是「我一定做不到」「做不到時好糗，別人一定會取笑我」，這時候連帶出現的情緒多半就會是「緊張」、「不安」。這種心情常常造成迴避、拒絕嘗試等行為。這個一瞬間出現在心裡的想法，在心理學裡，稱之為「自動化想法」。

大部分的自動化想法是受到過去經驗的影響，也許當你無所畏懼的去嘗試新事物時，身邊的人無法看到你的勇氣、肯定你的努力，反而做出讓你好挫折的回應；也可能你注意到當有人嘗試去學習新事物時，學習的過程難免有些笨拙，很可惜的，又遇到了不友善的取笑。於是「我一定做不到」「不夠好一定會發生壞事」的想法就出現了，阻礙了你學習的勇氣與行動，當然最終一定無法學會那項技能或知識。

如果在你嘗試學習的過程中，身邊的人有個不一樣的回應，那該有多好。就像吉他社的學長姐一樣，鼓勵你從最簡單、最基本的部分開始著手，一步一步累積，提醒你「你不用最好，只要比昨天的自己更好就行了。」如果挫敗的時候，有人告訴你「只要這一刻開始行動，你就已經開始不一樣囉。」你會不會因為感到被鼓舞，有了持續努力的勇氣？無論你身邊有沒有可以鼓勵你的人，我們都可以學習成為有能力鼓勵自己的人，學習改變這些困住你的固定型思維，建立更能促發行動的成長型思維。

拋開「以前」的思維

以前，人類認為世界是平的；以前，人類認為動物之間沒有辦法相互溝通；以前，人類認為月球上沒有水。人類有太多的「以前」了。

有一個最大的「以前」思維，是認為我們的大腦不會改變，認為大腦只不過是我們頭腦裡一塊扎實的物體，終其一生都不會有什麼變化。事實上，經過神經科學家的努力研究，我們現在知道，大腦具有神經可塑性，就跟你一樣，會成長、也能夠擴展！你的大腦會因為你所經歷到的、思考過的、感覺到的，以及做過的事情而不斷成長，這表示你的大腦有無限的潛能可以學習。

在這一段落裡，你會看見「學習」和「成長型思維」之間的關聯。你會學習一堂名為「意志力」的速成課，以及如何駕馭它。

挖掘你的超能力

你生下來就是要學習的。甚至你在媽媽的肚子裡時，就已經在傾聽和體會你周遭的一切刺激。很快的，你將會迸發對於學習的渴望；你的大腦會突然做出各種不可思議的舉動；你蒐集各種資訊，就像松鼠為過冬而蒐集堅果一樣；你吸納各式各樣的事實、知識，好讓自己去理解這個世界，你現在每一天仍然持續做著同樣的事情呀！

這些你蒐集來的知識，跟成長型思維有什麼關係呢？成長型思維是什麼？成長型思維的意思是，你相信自己的智力、能力、技能、甚至是性格並非固定不變。這些組成「自己是誰」的核心面向，能夠隨著時間改變。思維要如何成長呢？它將根據你所嘗試、失敗和學習的能力多寡，而跟著成長。

關於成長型思維最重要的一環，便是堅信自己有學習的能力。學習是成就一切事情的關鍵！人類的學習力帶給了我們目前各種很酷的發現和發明。

沒有學習，你就不會有手機可用、沒有衣服可穿、沒有冰箱，甚至也不會有這本書的誕生。

「學習」讓你的智力有所成長，並能幫助你擅長的事情好上加好。它讓你對其他人更加親切和善，對自己和其他人的感受有更好的理解力。「學習」是沒有極限的！你可以真的讓自己的才智、能力、技能和天賦有所成長。你能夠把自己選擇專注的任何件事情，做得更好、更厲害。

成長型思維與固定型思維有什麼不同？

在神經科學家瑪麗安・戴蒙（Marian Diamond）對於大腦研究有所發現的同時，另一位關鍵人物是史丹佛大學心理學教授卡蘿・德威克（Carol Dweck）則想要知道：為什麼有些孩子喜歡接受挑戰，而有些孩子卻不喜歡。卡蘿成長在一個人們深信「大腦是一團無可改變的肉塊」的年代，人無法增加自己的智力。她把這種信仰稱為「固定型思維」。那年代的多數人認為，一個人出生時的智力是多少，一輩子就只能是這麼多了。他們不知道「神經可塑性」這回事！

思維圖表

成長型思維	固定型思維
把學習看成是讓自己精通一件事情的過程。（例如：我還不知道怎麼做這件事。）	把學習看成是向其他人證明自己很聰明的單一行為。
擁抱挑戰	迴避挑戰
把奮鬥看成學習的機會	容易感到挫折，而且把挫折看成放棄的信號。
尋求建議	尋求讚美而不是建議
把其他人的意見回饋看成改進的方法	把其他人的意見回饋看成批評
學習過程中會尋求幫助	迴避尋求幫助，因為害怕其他人認為自己不知道如何做某件事
盡可能使用各種學習技巧和策略	盡可能使用最少的學習技巧和策略
把錯誤和失敗看成學習和成長的機會	把錯誤和失敗看成自己不夠聰明或沒有能力的信號
以毅力面對退步和阻礙	面對退步和阻礙就輕易放棄
認為努力和認真是學習的道路	認為努力和認真是浪費時間
把其他人的成功看成一種激勵	把其他人的成功看成一種威脅

摘錄奈吉爾．福爾摩斯（Nigel Holmes）根據德威克（Carol Dweck）寫的《思維（Mindset）》一書製成的圖表

卡蘿知道這種想法有問題，因此決心進行研究。她的確發現了新答案：透過好奇和認真努力，我們對自己智力的看法，左右我們能達到多少成就，這之間可以有巨大的差異。

卡蘿還發現，當你啟動成長型思維，你就會以能夠幫助大腦成長的方式，去感覺、思考和行動。當你啟動成長型思維之後，你也會得到很酷的技能和才能。

看看上一頁的圖表，了解「成長型思維」和「固定型思維」之間的差異。如果你發現自己有很多屬於固定型思維的習慣，沒關係，我們有時會這樣，因為我們周遭存在著許多舊有的固定型思維訊息。有時候，我們需要透過「反學習」（也就是拋掉、忘卻記憶中的某些東西），來讓我們自己從固定型思維轉移到成長型思維的模式。不管你還有多少必須要學習的東西，要記住，你以前知道的東西比你今天知道的還少，而你也堅持撐過了那個階段。這很值得恭喜呢！

稱讚自己

列出兩件你已經學會的事情，
也別忘了要稱讚自己開始運用
成長型思維了！

1 ______________________

2 ______________________

列出三件自己想要進一步的認識、學習的事情。這些事情會增加你原本就擁有的知識、技能或是天賦嗎？把「學習新東西」如何跟你已經知道、感受到或是做過的事情有所連結？把心得寫下來。

1 ______________________

2 ______________________

3 ______________________

鍛鍊你的意志力

從前有個女孩上數學課的時候，全神貫注在課堂上，並且不時發問，也勤做筆記。當她沒弄明白某件事情時，會嘗試再嘗試，吃力地努力著。不過，接下來她換了不同的策略：她發現自己可以從錯誤中學習，並且尋求幫助。

女孩的老師注意到她的認真和努力，以及她用不同方式來學習的態度。她看見這名年輕數學家的學習能力，以及她在全心貫注的事情上變得更加厲害的能力。這女孩的專注和認真得到了回報：她表現出的認真，令她的老師深受感動，開始學習「意志力」（grit）這個詞彙的涵義。

這名數學老師的名字是安琪拉．達克沃斯（Angela Duckworth）。安琪拉的好奇心引領她走遍世界，研究人們如何在自己非常在乎的事情上變得更加厲害。安琪拉發問、記筆記，並且認真努力，嘗試不同策略，就算犯了錯也能從錯誤中學習，同時也尋求幫助。安琪拉做了所有這名女學生在數學課堂上做的事情——安琪拉在鍛鍊自己的意志力。

當我們運用意志力時，會是什麼樣子？想像一件你非常在乎的事情，這件事可能是照顧動物，或為自己的電腦撰寫程式；可能是打籃球或寫作；可能是做音樂或開始自己的小生意，甚至也有可能是在世界各地為氣候變遷或是為女性受教權等議題發聲。

現在，想像你為自己寫下的事情做了很多努力，花了很多心力和時間。你對這件事知道得更多了，你研究它、運用它、談論它，並且和別人分享。你接下了這些能幫助自己在這件事情上變得更厲害的挑戰。即使這些挑戰很困難，你仍然持續努力。你對這項自己充滿熱情的新體驗說：「儘管放馬過來吧！」這就是意志力。

這樣做，增強你的意志力

步驟 1

問自己：「我對什麼感興趣？」、「我想要在哪些方面更好？」

步驟 2

專注在你確認過的興趣上，寫下兩件你可以讓自己在這方面學到更多的事情。

步驟 3

開始行動！寫下兩件你明天就可以付諸行動去完成的事情。

步驟 4

對自己和善，也給自己多點耐心。寫下兩件你願意對自己更加和善的事。

當你被打倒，要立刻站起來，絕對不要聽從任何人說你沒辦法或是不應該繼續的話。

——希拉蕊．柯林頓，律師、前美國第一夫人、前美國參議員和美國國務卿

意志力＝熱情＋毅力

安琪拉把意志力定義為：結合熱情和毅力，朝遠程目標努力前進。對某件事情有「熱情」，表示你非常在乎這件事。你珍惜它，認為它非常重要。「毅力」則表示你承諾要讓這件事情有所成長，即使前方有阻礙，或是有人擋在前頭，這些都不能阻擋你！

聽起來很艱難？有時候，我們確實很難一直專注在某件事情上，即使是我們在乎的事情也一樣。不過，意志力是帶給我們力量撐過難關的關鍵。意志力帶領我們來到一個讓我們快樂的境界，為自己學到和做到這些事情感到自豪。意志力讓我們覺得自己可以學習任何事情！

你要如何知道自己有沒有意志力呢？很簡單，因為我們每一個人都有意志力。你可以怎麼運用意志力並且讓它成長呢？事實上，你越使用你的意志力，就會得到越多的意志力！對某些事物擁有熱情，表示你非常在乎它。而熱情可以在自己用意志力撐過難關的過程，變得容易一些，也有趣一些。

熱情就像是食譜中的一味醬汁，讓你把所有的食材結合起來，創造出美味的佳餚。

當你把自身所有的特質混合起來，就創造出了屬於自己的一味「熱情醬汁」，它讓你的力量有所成長。你的熱情醬汁便是讓各種美好事情發生的能力。

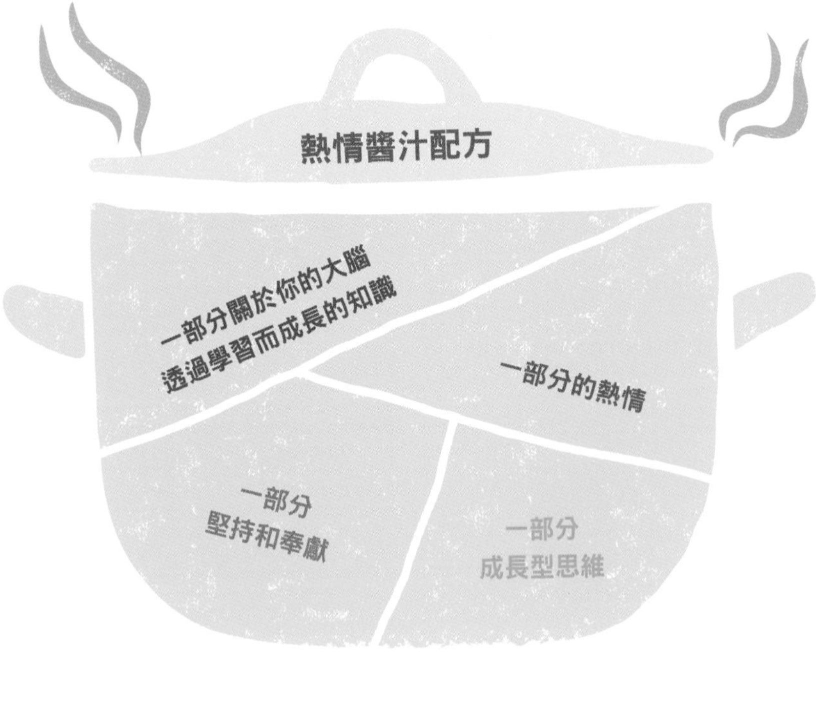

神奇的字：「還」！

你可能還不是十分理解「還」這個字的神奇之處，但是你很快就會明白了！「還」的含意是，去了解時間和學習如何融成一體的過程。你現在可能不懂如何做某件事情，這是因為你沒學到如何運用「還」這神奇的字。你需要時間、體驗，以及可能很多的錯誤和失敗，才能真正學會做這件事情。

你想要知道一個很酷的學習技巧嗎？試著把「還」這個字，放進你要「表達自己做不到的事情」的句子當中。

像是：

◆ **我還不會騎腳踏車。**

◆ **我還不會做代數。**

◆ **我還不會畫畫。**

當你把「還」加到句子裡之後，對你來説困難的事情，會轉變成你能做到的事情。「還」就是如此神奇的字眼，它幫助你學習任何你承諾想要學習的事情。

想要對某件事情越來越精通，你需要一個公式，一個讓你隨時可以進入狀態的神奇公式。準備好了嗎？當你決定要弄明白某些事情時，你便會對這些事情越來越上手。在你對自己承諾之後，接下來的困難部分，便是當你對整個情況仍然感到陌生且困難的時候，自己要如何努力撐過這個讓人感到不安的階段。還記得數學課堂上的那位女孩嗎？她必須去嘗試、犯錯、失敗、尋求幫助、對自己有耐心和堅持不懈。

成長型思維（我相信自己可以學到如何做這件事），加上意志力（我相信自己可以撐過困難的部分），便是你如何在某件事情上越來越好的公式。當你用這個信念和態度來處理新事物時，不管你選擇要學什麼事情，都能夠越來越好、越來越棒。

寫下一張「還」學習清單

你有哪三件事情是自己還不會做的？把它們寫進下面的泡泡框裡，做出自己想要的學習清單。

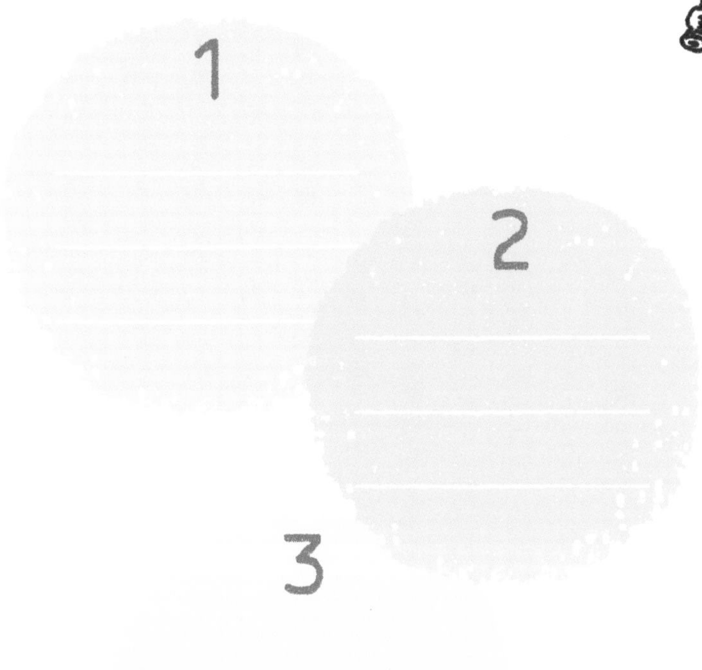

你是「不喜歡」還是「不擅長」？

你知道你的大腦是天生的説故事高手嗎？事實上，我們的大腦是這星球上最古老也是最有智慧的説書人，你的大腦寫故事來幫助你弄懂這世界的事情。有些故事很短，可能就只有一個字或是一個句子。有些故事很長，有好幾段。有些故事則很宏偉，一章説完了又一章！你的大腦持續接收資訊、整理分類之後，再以故事的形式組合起來。你經歷了編輯、修改和重寫的階段。你的大腦裡有著足以容納一整間圖書館的故事唷！

既然你的大腦裡有這麼多東西發生著，因此當你告訴自己哪些是自己擅長的故事，是很正常的。不過，當你告訴自己，哪些是你認為自己不擅長或不會做的事情時，問題就出現了。這些故事根本都不是真的！當你說你不喜歡某件事情，就會把它跟自己「沒辦法做這件事」連起來，問題也就出現了。

「我不喜歡公開演講」和「我不擅長公開演講」之間有很大的差異。當你說自己不喜歡某件事物時，你傳達出自己的偏好。每個人都有自己喜歡或是不喜歡的事物，這是很正常的；但是當你說自己不擅長某件事情，或是不會做某件事情，這就屬於自我設限，表示你在開始之前就放棄了。如果你認定自己喜歡公開演講（或其他活動），也想要學習這件事，那麼，成長型思維的故事應該是像這樣的：「我還沒辦法在大眾面前說話。」或是「我知道自己在公開演講時仍然會覺得緊張，但這樣是很正常的！」

一旦你開始把自己還不會做的事情，看成是一個嘗試、實驗、深入了解和學習的機會，你的世界也就開闊起來。你相信自己透過時間、專注、耐心和毅力，有一天會學起來的。你信任它會帶自己到新的地方，讓生活更加有趣和刺激。

將意志力化為行動力！

想像你自己深信教育的力量，願意做任何事情來確保你和其他女孩都能夠上學求知。

馬拉拉．優薩福扎伊（Malala Yousafzai）十五歲的時候，在一次謀殺攻擊事件中倖存下來，凶手原本想要阻止她維護巴基斯坦女孩們上學的權利。馬拉拉並沒有因此停止下來，直到現在她仍然沒有放手。二〇一四年，她獲頒諾貝爾和平獎，成為歷史上此獎項最年輕的得獎者。

當你堅持不放棄，就會有這樣的願景。

檢查並調整你的故事

有時候，當你不斷告訴自己一個故事，最後你自己都開始相信那是事實。因此你應該常常查核你的故事，看看它們是否真是如此。這麼說吧，你告訴自己「我不會彈鋼琴」。那麼，你這輩子可能都不會知道，讓手指尖溜過琴鍵是一件多麼有趣的事。你可能因此錯過加入樂團、在眾人面前彈鋼琴，以及交新朋友的機會。

如果你發現自己也說著類似的故事，就給自己一個機會，看看能不能把它修改成「我還沒學會彈鋼琴」的故事。當你承諾要學習一項新事物，你應該知道，事情不會很容易——從來就沒有人說過彈鋼琴是件容易的事——重要的是，你要專注在所有那些隨著「相信自己的能力」、「投入一些額外的時間和心力」而來的各種美妙機會。

試著改變故事，讓它變得有道理、尊敬你、重視你以及欣賞你。你的故事應該要能夠充實你的世界、支持你、挑戰你和賦予你力量。你的故事應該要能讓你的力量、潛能和可能性得以成長。

創造新的故事

你能想出三個可能讓自己受到侷限的故事嗎？這故事如果是某次受到傷害的脆弱經驗，你可以暫時先跳過，之後再回來檢視。接下來，你得出奇招了。把你列出來的故事全部改寫一次，來鍛鍊自己的成長型思維。記住，加入「還」字，就可把你的故事從受到侷限變成潛力無限唷！

受到侷限的故事	潛力無窮的新故事！

哪一個故事讓你覺得充滿了力量和勇氣？哪個故事因此變得更為有趣？成長型思維會讓我們做得到的美妙事情，更加美妙。

用你自己的話說故事

試著在一張紙上寫「認真努力是無聊的事情」。再把這張紙撕掉，丟入回收桶，然後寫上這類的句子：

我的認真和努力
會讓自己及其他人受益。

認真努力
能幫助我學習新事物！

接受挑戰和奮鬥
幫助我成長！

你可以在紙上添加色彩和有趣的設計。你的大腦很喜歡各種圖像唷！

痛點 2

我的能力和個性
沒辦法改變和進步……

越使用大腦，就會製造出越多的神經元、連結越多的神經網絡，你的大腦就會變得更強大喔！

我不會！我不會！
不會就是不會！
沒有人一出生就會彈吉他啦！
試試看吧。
沒錯，你要先相信自己做得到。
我相信我會彈吉他……
我相信我會彈吉他……
好，我相信了，吉他拿來吧！

先教我！我小時候彈過烏克麗麗。
烏克麗麗和吉他很像。
言言，來，我教你。
騙人！我還是不會！
呃，不是要你光用想的啦，當然要練習啊！
好，跟著我，這樣握。
呃，按不到弦，手好痛！
烏克麗麗 小
吉他 大
逃
走
我們還是去選別的社團吧！
我們還缺兩名社員，如果沒招到，這學期會被廢社。
快！把他們抓回來～

我……
我們現在要做什麼？
來，我們先練習基本姿勢，吉他要這樣拿……
食指按這裡……小指按這裡……
我手快抽筋了！
好，現在右手刷弦。
哇，我可以耶！
小薰好厲害！
我也試試看！
嗚嗚，為什麼我刷出來的聲音這麼難聽？
言言……

我一輩子都學不會彈吉他！
哇啊啊
別擔心啦，
你只是還沒學會，不是永遠不會啦！
對，多練習，你一定可以的！
白天
午休
放學後
每天這麼勤勞練習。
言言好有毅力啊！
我們要讚美她，相信她可以。
我也要讚美我的耳朵，我的耳朵好辛苦。
我覺得我快學會了！

言言很棒耶，即使注意到小薰學習進度比自己快，也能不氣餒的不斷練習。不論是能力或個性，管理中心都在我們自己的大腦喔，現在的腦神經科學研究已經證實了，大腦具有極大的改變潛力，透過學習真的可以改變大腦的突觸連結。舉例來說，當言言開始學習練習基本動作，透過不斷的專注練習，負責運動手指的相關神經連結會因為頻繁使用而被活化，只要活化持續度與強度夠久，這些神經連結不僅可以出現新的突觸連結，新連結還越來越容易被激發，一點點刺激就可以被喚醒。也就是說，只要言言練習得夠久，當她的手指頭碰到了吉他弦，就很容易做出彈奏的動作。

當然，還有很多提升學習成效的方法，例如「專注」。科學研究中也發現，不是練習的時間夠久就有用，取決練習成效的關鍵其實是專注。有覺察且專注的練習半小時，效果絕對勝過漫不經心、分心看手機的亂彈一小時。而且根據研究，如果你專注在一件事上，即使你現在不是正在做這件事，也會很容易留意到與這件事相關的資訊，腦神經科學稱之「促發」(priming) 效應。舉例來說，如果你很專注於學習吉他，也會很容易留意到跟吉他相關的資訊，例如：別人是怎麼練習的、Youtube 上有沒有其他適合你的學習方式……這會讓你更容易找到有用的學習資源，或是適合自己的學習方式。

大腦是最強大的學習系統

你知道成長型思維跟你的大腦有直接的關聯嗎？沒錯，當你嘗試新的事物、犯錯，在反覆的學習、學習再學習時，你的大腦也會隨著改變。深入認識大腦如何運作，可以幫助你明白成長型思維如何發揮作用，讓你的生活更廣闊、更美好，也讓你更勇敢。

我們的大腦是地球上最強大的學習生態系統。因為它的潛力無限。你越拓展它，它就變得越強壯。受到擴展的大腦，有無限的能力去創造新事物。

就像神經科學家總是不斷的學習，他們冒著風險，面對新挑戰，從錯誤中學習。他們永遠都在嘗試新方法，學習關於大腦的新知識。透過研究大腦如何成長得更強壯、更聰明，他們自己的大腦也因而更強壯、更聰明，就跟你一樣。

大腦如何運作？

你的大腦是由好幾個關鍵部分組成的，它們共同合作來體會你周遭的世界。當你坐著、觀看事物、跑步、感覺，甚至是睡覺的時候，你的大腦都在運作。

認知神經科學家還在學習更多關於大腦中的情況，讓我們一起仔細看看。

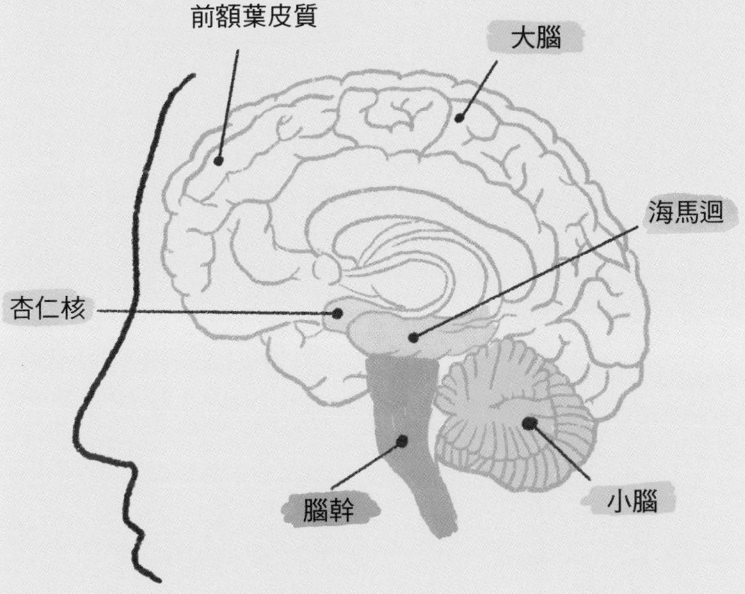

你此刻是坐著還是站著讀這本書呢？你有辦法這麼做，是因為小腦幫助你保持平衡、協調你的四肢活動，包括坐著、站著、走路、跑步和寫作等。

你現在看見了什麼？聽到了什麼？如果你能回答這些問題，要多謝謝你的大腦。你的大腦支撐、維護你的核心感官體驗、你的思路、說話、情緒處理，以及你的學習。那麼，你可以吸一口氣……再吐氣，以及其他身體會自動運作的事情呢？這些都要歸功於你的腦幹。它和你的小腦以及大腦連結到你的脊髓，讓你的身體可以自動執行需要做的事情，像是呼吸、維持心臟跳動、消化食物、吞嚥、睡覺、打噴嚏和咳嗽等。

你想記住自己目前所讀到的東西嗎？這就得倚賴海馬迴了。它支持你的短期記憶和長期記憶，也幫助你學習和處理自己的情緒。

你上一次感到害怕時，身體有什麼反應？你是選擇抵抗、趕緊跑開、愣在原地或是直接昏過去？這些不同的反應，是我們用來回應險惡不安全的情況。你可以謝謝大腦裡的杏仁核給你回應危險的能力。生存是極為重要的事情，這就是為什麼杏仁核在「能讓我們存活下來」這一點上受到重視。而杏仁核在維持我們的情緒和記憶，同樣扮演著關鍵角色。

那麼，關於我們經常性的選擇、決定、計畫和自我控制等這些部分呢？這就要歸功於前額葉皮質，它讓你能夠決定要吃哪一種零食，幾點鐘上床睡覺，以及如何使用這本書。這部分的大腦組織，是應用成長型思維的關鍵，因為它幫助你以健康的方式踏出舒適圈。有了前額葉皮質的運作，你可以在今天、明天或是任何你下定決心的那一刻接受新挑戰。

用呼吸讓大腦產生變化

接下來的部分牽涉到很多的腦科學。讓我們先暫停一下（謝謝你，前額葉皮質），來調整你的坐姿（謝謝了，小腦）。現在，慢慢深吸一口氣，吸入鼻子裡，默數1、2、3，然後從嘴裡吐氣，1、2、3（謝啦，腦幹）。再來一次：吸氣，默數1、2、3，吐氣，1、2、3。像這樣的呼吸方式可以讓你的心靈活動和身體規律下來，改變你大腦的化學變化。

大腦越使用，越強大

你大腦裡的神經元以瘋狂的速度生長著，速度快到連神經科學家都沒辦法計算大腦每一秒長出多少神經元。神經元是大腦主要的生長物質，不過，神經元究竟能做什麼呢？神經可塑性又是怎麼運作的？

神經元的運作

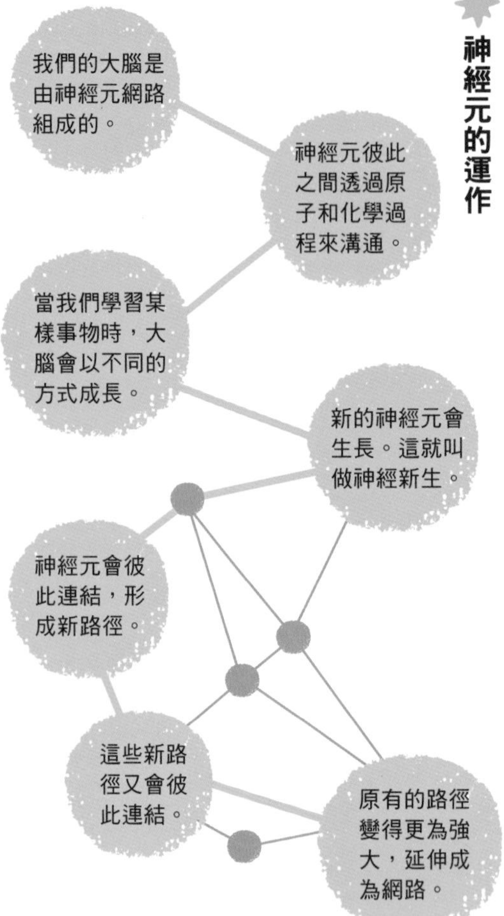

我們的大腦是由神經元網路組成的。
神經元彼此之間透過原子和化學過程來溝通。
當我們學習某樣事物時，大腦會以不同的方式成長。
新的神經元會生長。這就叫做神經新生。
神經元會彼此連結，形成新路徑。
這些新路徑又會彼此連結。
原有的路徑變得更為強大，延伸成為網路。

我們越使用大腦，就會製造出越多的神經元、連結成更強大的神經路徑。那麼，可以讓大腦強大的祕方是什麼呢？

- ◆踏出舒適圈。
- ◆接受新挑戰，堅持下去！
- ◆投入心力、鍛鍊。
- ◆不怕犯錯，並從錯誤中學習。
- ◆接受學習的風險！

要讓你的大腦成長，你能做的最好事情之一，就是「犯錯」。你的大腦喜歡錯誤，喜歡到當你犯錯時它真的會發亮呢！當你做出大腦理解為錯誤的舉動時，大腦真的會變得更加活躍，它表現得就像是正在玩遊戲一樣。

專注和努力，事情就會變容易

想想看，你這輩子總共學了多少事情。幾千件？幾百萬件？幾十億件？你有辦法算到這麼多的數字嗎？有趣的是，你可能不記得自己剛開始在學一件新事物時有多困難，因為隨著時間過去，這件事情變得再自然不過了。

萬事起頭難。當我們付出專注、精力和努力，事情就會變得容易些了。

大腦可以重達1.35公斤，你能輕鬆握在手上，但是，它卻能想像出一億光年以外的宇宙。

——瑪麗安．戴蒙（Marian Diamond），美國科學家和教育家

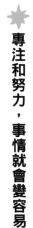

考驗你的記憶力

以前 你能記得兩件以前學到的事情嗎？

現在 你現在正在學哪些事情？
試著寫出兩個例子。

未來 你以後想把時間投入在學習哪些事情上？
寫出一件你這星期要開始學的事情。

創造力和大腦的關係

隨著年紀的成長，我們的創造力也會跟著成長。你可能已經注意到，自己小時候寫下來、畫出來或創作出來的東西，跟你現在寫下來、畫出來或創作出來的東西很不一樣。不要對年幼的自己太苛刻嘀，你那時正學著如何握好一枝鉛筆，同時還要讓這枝筆畫出你想要的圖案。你的一舉一動造就出一條神經元路徑的成長。你要珍惜自己年幼時花下的時間、精力、努力、錯誤和奮鬥，這些都是讓你現在能夠隨心寫字、畫圖以及創作的原因。

重點是，這個過程並不只侷限在寫作或是畫圖上。我們有能力在任何事情上做創意思考，包括如何種植花草植物到公開演説等事。成長型思維幫助我們以新方法看待舊問題。

目光放遠，看見重點

隨著年紀成長，我們明白了思考有許多不同形式。當我們用創新的角度去想很棒的點子時，就稱為抽象思考。抽象思考讓我們得以往後退一步，以更大的格局去思考問題。我們常把抽象思考和具體思考拿來做比較。舉例來說，如果你想著「一隻小狗」，你想的是具體的物體；如果你想的是你有「多愛一隻狗」，那麼你想的則是和這些毛茸茸狗朋友的互動。

抽象思考適用於我們的想法、情緒、舉動以及互動行為。你一定記得你的弟弟、妹妹或是朋友惹你心煩的時候，例如他們把你的東西弄亂了。如果你很具體的想著這個人，你可能會感到沮喪；但是，如果你從友誼或是友愛等抽象關係去思考，那麼抽象思考可能就會鼓勵你原諒對方。

「看見遠大的目標」能幫助我們以更有創意和有用的方式來溝通。你可以把自己放在對方的位置上設想，這稱作「同理心」。你的成長型思維會激起你的好奇心，想了解他們的生活，以及你想分享的經驗。

「為什麼」這三個字總是伴隨著許多好奇心。「他們為什麼老是想找我玩、到我房間，或是弄亂我的東西？」答案可能是：「噢，他們關心我、愛我！他們尊敬我，所以囉，他們才老是想待在我身邊。」這種思考方式可以讓你更深入看見他們的動機，幫助你去了解，並以讓每個人都舒服的方式做出回應。

喚起你的同理心

你能回想出某個人曾在什麼時候做了惹惱你的事情嗎？把它寫在「A 欄」。然後，思考對方為什麼會那麼做，他們可能經歷過什麼狀況，或他們可能想要什麼。試試自己能不能以抽象思考來設想對方的立場。在「B 欄」裡寫下事件的全貌，像是他們的生活中發生了什麼事。

A 欄　惹惱我的事情

B 欄　事件全貌

導引自己的創意

你的大腦喜歡創造新事物，是不是很棒呢？你身邊隨處可見新奇和刺激的機會，讓你的大腦盡情發揮創意吧！創意有很多發展形式，你要如何引導自己的創意？首先，從觀察你周遭的世界開始，寫下兩件你注意到周邊發生的事。

1

2

保持好奇心。寫下一個你今天想到的問題。

✱ 開口說「好！」

對不熟悉的事開口說「好！」的感覺有時候很可怕，因為大腦裡的杏仁核在做它該做的事，來保護你遠離危險。重點是，在得到更多的資訊之前，杏仁核並沒有辦法每次都成功分辨出哪些事真的有危險（像是站在懸崖邊），而哪些事其實是學習的機會（像是報名參加藝術課）。

我們可以透過知道關於某件事或某個機會的更多細節，來獲得更多的資訊。這機會什麼時候發生？需要多久的時間？當你說：「好，我試看看。」的當下，心裡知道在自己深入了解這件事之後，還是可以改變心意的。那麼，你就能帶著「健康的恐懼」去嘗試新事物。

別讓任何人搶走你的想像力、創造力和好奇心。這是你的世界，這是你的生活。只管放手去做，創造你想要的生活。

——梅・傑米森（Mae Jemison），第一位非裔女太空人

描述你的情緒

1 我會對這些事情，興奮的說「好」！

2 當我想到要學這件事時，我覺得……

3 一件我經過考慮後會說「好」的事：

4 當我想到要學這件事時，我覺得……

5 我需要什麼，來幫助自己願意對這個機會說「好」？

痛點 3

內心有很多想法飄過，
總覺得思緒亂糟糟。

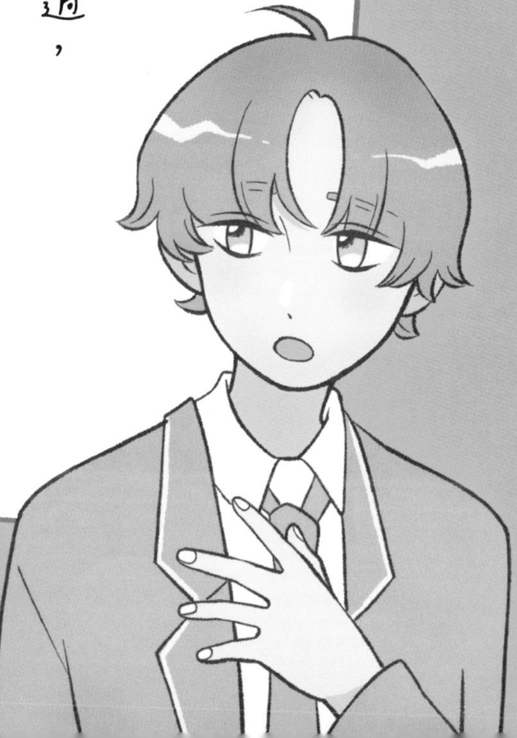

靜下心來，專注眼前的事，
你可以做得更好！

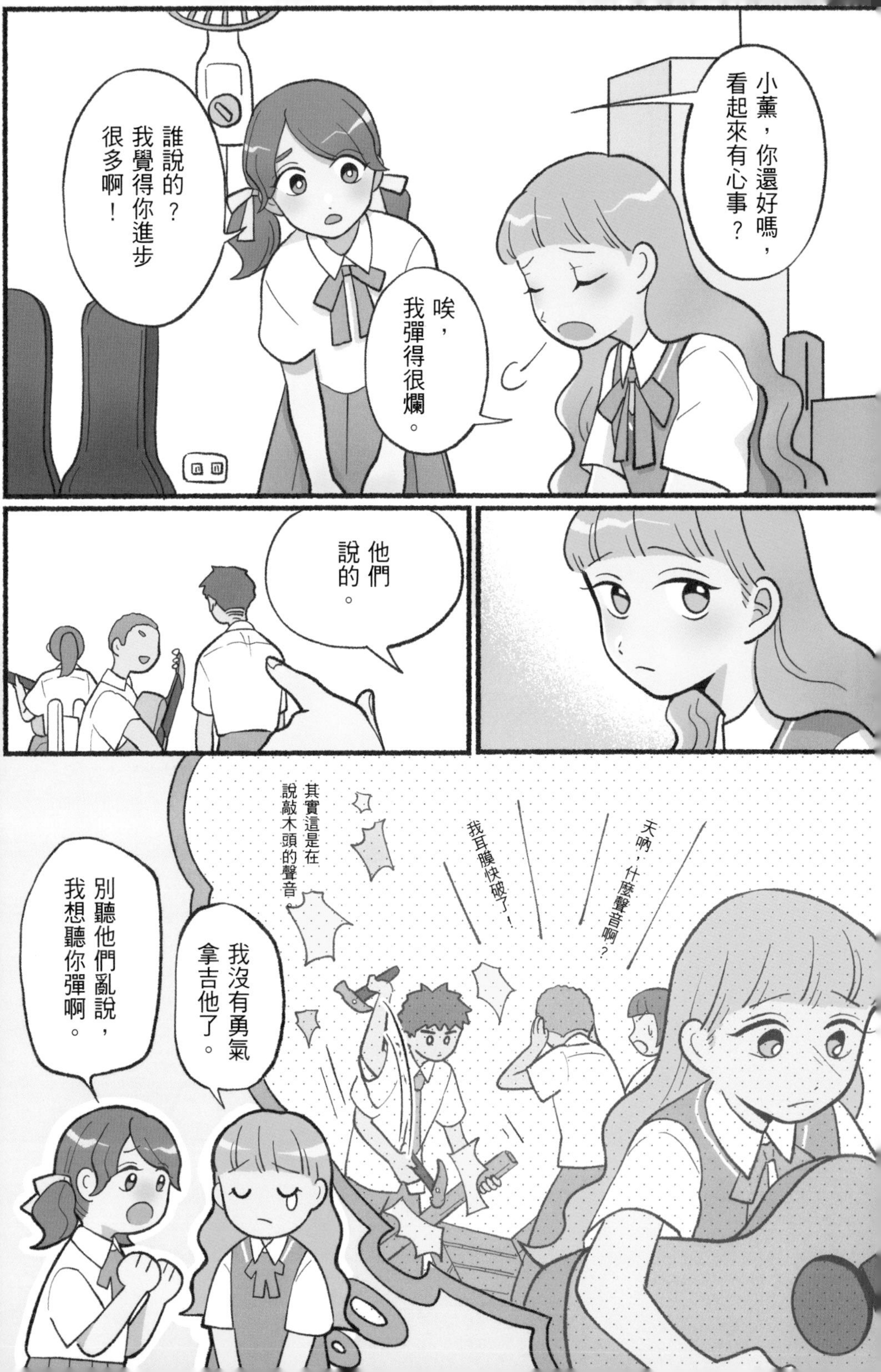
小薰，你還好嗎，看起來有心事？
唉，我彈得很爛。
誰說的？我覺得你進步很多啊！
他們說的。
天吶，什麼聲音啊？
我耳膜快破了！
其實這是在說敲木頭的聲音
我沒有勇氣拿吉他了。
別聽他們亂說，我想聽你彈啊。

我想到一個方法。
你可以假裝你人不在社辦，在別的地方彈琴，
這些說你壞話的人就會消失了。
好，我試試。
試著把心靜下來。
人山人海
不～好可怕！
怎麼了？

臺下好多人。
唉唷，你想一個沒人的地方啊！
這樣好了，想像你在山谷裡，
對著流水、小鳥和梅花鹿彈吉他……
有沒有覺得心靜下來了。
有。我現在平靜多了。
想像在山谷裡彈琴，真是個好主意。
但是……
怎麼了？
小鳥都飛走了！鹿也跑走了！
我是不是真的彈得很難聽？
不……不會啦！

不然……
不然你想像在海邊的沙灘上。
好。
快跑！
怎麼啦？
海嘯啦，快逃！
那只是你的想像啊！

小薰好可愛啊，好努力的練習想像放鬆的情境，也好誠實的說出想像變得好可怕。練習控制自己的胡思亂想眞的不容易呢，因為人類也是動物啊，只要是動物，就會有很強大的生存本能。在所有的思緒中，我們特別容易被恐懼的想法抓住，因為恐懼這種情緒是很有功能的。

當感到恐懼時，生物才能避開危險的事物，才能存活下來。可惜的是，有些恐懼的事件其實並不是時刻發生，比起處理眞正發生的麻煩事，我們花了更多心力與時間，在處理這些與恐懼相關的反覆思考與想像。

要小薰把很多人的地方想像成沒有人，難度實在太高了。即使換個練習的地方，那裡沒有其他人，或是旁邊的人並不在意小薰的吉他聲，小薰是否就能自在的練習呢？有沒有可能小薰還是被腦中「害怕被討厭」的念頭影響，不斷的胡思亂想？這時候，我們需要做的，就是練習注意這些胡思亂想，並嘗試暫時將注意力從這些想法移開，練習將注意力專注在一個單純的動作或感受上——也許是專注在呼吸，也許是專注在手指的感覺。

專注的能力絕對是可以透過練習提升的，我們可以從這一章的「正念」技巧開始練習喔！

靜下來，觀察你的內在世界

你的大腦和心靈都會成長、擴展，有著無限的力量、潛能和可能性。但是，大腦和心靈兩者之間的關聯是什麼呢？它們如何相互合作？

你應該聽過一些跟心靈有關的語句，像是「我改變我的心意了」、「保持開放的心」、「你心裡在想什麼？」

這些句子當中有個共同的關鍵字「心」。但是，我們為什麼會說「我改變我的心意了」，而不是「我改變我的大腦了」？在這個章節，你會看到大腦和心靈的共同點，以及它們如何通力合作，幫助你學習、在壓力下冷靜，以及探索這世界。

你的大腦是一個住在你腦袋裡持續變化的系統。它屬於一種物理、有形的東西。那麼，心靈呢？簡單的說，你的心靈屬於你的內在世界。當你停下來，花一些時間看著你的內在世界，你最後會專注在你的身體和呼吸上。在這些時刻中，你可能也會開始注意到你周遭的環境。你讓自己緩和下來，跟自己的思緒和想法形成一種新的關係。

這種讓心靈放慢速度的方法，能讓你的大腦變的更有威力。為什麼會這樣呢？這是因為它給你一個機會，去仔細觀察自己的思緒、恐懼和夢想，而不加任何評斷。這種讓你必須觀察自己思緒的工具，就稱為「正念」（Mindfulness，或稱為「內觀」）。

什麼是正念？

正念就是全心全意察覺此時此刻發生的事，包括自己的身心和整個環境的變化。沒錯，在「此時此刻」！重點在於，試著不要去改變你當下產生的任何想法——只要注視著它們就好。你能夠注視著自己的思緒，彷彿它們僅僅是輕飄而過的浮雲嗎？當你注視著彷彿如一朵雲朵般的想法時，你不去想著要改變它。你就只是單純的看著這想法本來的面貌。

養成你的正念

正念給你力量去留意你想要的事物。你的心靈相信每一件你告訴它的事，因此你要記住，餵養它健康的東西，任何不健康的東西，都拿去回收或是丟棄！
寫下三件你要餵養自己心靈的健康事物。

1

2

3

如果你聽過正念，你可能也聽過冥想。你甚至可能想像過，冥想就是一群人坐在地墊上，盤起雙腿，心平氣和的觀看自己的思緒流動。正念和冥想是互有關係的。冥想是一種讓自己看向內心世界的練習，內心世界包括你的想法、情緒和身體的感覺。它並沒有要關閉你的這些想法，而是要你對自己的想法和念頭説聲「嗨」，希望它們別因此消失。坐在舒服的墊子上冥想是一種方式，還有許多其他方式也可以進行冥想。冥想的重點在於你如何和自己的想法產生共鳴，而不在於你冥想的姿勢或是地點。

平靜的冥想

1. 讓自己舒服的坐著，閉上眼睛，或是將目光平和的看向地板。
2. 慢慢吸氣，默數1——2——3，然後吐氣，默數1——2——3。
3. 再做一次：吸氣，默數1——2——3，吐氣，默數1——2——3。

想著自己的身體。先從你的腳底板開始，然後往上到小腿、膝蓋、大腿、肚子。再移到雙手、手肘、肩膀。繼續往上想到自己的胸部、脖子。想著自己的臉，接著移到頭頂。你整個人被轉移到你的心靈裡，到你的內在世界中。

現在，想像一個你喜愛的地方，那裡溫暖又平靜。那是個什麼樣的地方？聞起來有什麼味道？當你在那裡的時候，你的身體有什麼感覺？現在，想像你朝這地方走去，沉浸其中。你要待多久，隨你開心。現在，再想像鬆軟、溫暖、靜止的雲圍繞著你。它穿過你時，你感到安心；你覺得自己很安全、受到關心和珍惜；你感到被重視、支持、有自信和放鬆。

你看向四周，聽見了一句「歡迎回來」。然後吸氣，默數1——2——3，然後吐氣，默數1——2——3。你可以在任何時間回到這地方來，只要閉上你的眼睛就行了。

抓住你的想法

你正在想什麼？說真的，你能確定你此刻正在想什麼嗎？有時候，你很難捕捉住自己的想法，因為它們移動的速度很快，而且你隨時都有一大堆想法。它們一天二十四小時如狂風一樣吹進來又吹出去，就像那些飄過我們「心靈天空」的浮雲。有時候，你的心靈天空飄滿了漆黑的暴風雲；有時候，是裝滿了鬆軟軟的白雲、如霧靄般的雲，或是其他形狀的雲。

要聽見自己快速移動的想法並捕捉住它們，可以說是相當有挑戰的事情。你的內心世界可是個很忙碌的地方！你不斷思考著、感受著、處理著、記憶著和體驗著周遭的世界，你有自己的意見，同時也在學習。你察覺到一些想法，卻對其他想法渾然不知（它們在你的潛意識裡）。接下來要介紹的方法，可以幫助你放慢思考的腳步，好讓你捕捉住它們。

關鍵在於，當你檢視自己的心靈天空時，盡可能讓時間暫停，好捕捉這些想法。我們現在就來練習，如何讓時間暫停。

捕捉內在想法

放下這本書，把思考轉向你的內心，聽聽自己內在的想法。準備好了嗎？**暫停 5 分鐘。**

現在，回到現實中。你剛才的感覺如何？有成功捕捉到任何想法嗎？花點時間，寫下你捉到的幾個想法。

當你這麼做的時候，就更認識了自己一些。畢竟，你要認識、明白和愛的最重要的人，就是你自己。

隨著自己對於正念的練習越來越熟悉，你可以隨時在一天的任何時間裡進行這項練習，不管是閱讀、坐著、行進、吃東西、打籃球、聽音樂、設計、創作、解一道數學題目、繪畫、素描，或是聽朋友說話的當下，都可以進行。透過安排時間進度，在一天當中的任何時間點練習暫停，來檢視自己的內心。

靜靜的觀看浮雲

步驟 1

找一個舒服的地方，來了解你的身體，覺察自己正在做什麼。例如，你現在正坐著讀著這些字。

步驟 2

把你的動作放慢下來。你現在閱讀的姿勢，其實也正是在準備好要慢慢來的狀態中。你可以進一步做到靜止不動嗎？

步驟 3

在你心裡按下暫停鍵，讓你周遭所有在進行的活動暫時退開。

步驟 4

你能不能把周遭外界的噪音關小？這會讓你專注在呼吸上。

步驟 5

最後，進入你的內在世界。聽聽自己的想法，在你的心靈天空裡，如雲朵般吹進來、吹出去。

如果你的夢想並不會令你害怕，那麼它就還不夠偉大。

——艾倫・強森・瑟利夫（Ellen Johnson Sirleaf），賴比瑞亞前總統、諾貝爾和平獎得主

忘掉不好的想法

學習「如何學習」是非常重要的一件事。不過，學習「如何忘記」也同樣重要。有這本書在手，你會練習如何對新體驗和新機會打招呼，說聲「嗨」；你也會練習如何對老舊過時的，以及那些傷感情的想法道別，說聲「再見」。

在這個過程中，有時候某些想法在你心裡停留的時間，比你期望的還久一些。它們會不斷回來，我們稱這個情況為「反覆思考」。為什麼某個特定想法會一直重複出現呢？因為不管你專注在任何事物上，它們都會在你的心靈和大腦裡成長。這是好消息！表示當我們警覺到自己的想法時，可以讓那些能使我們茁壯的想法，在大腦裡生根。

鼓勵性的自我對話

其實你是會不斷的跟自己對話的。有時候，你會留意到這些對話，有時候不會。有這樣的情況非常正常，每個人都會這麼做。我們把這些對話稱為「自我對話」。儘管有時候你的自我對話，感覺起來可能只像是叨叨碎念，這些對話仍然能幫助你挖掘自己的力量和潛能。

還記得前面提到，我們如何把自己告訴自己的故事進行編寫、編輯、修改的原則嗎？你可以利用同樣的原則來弄清楚，你的自我對話是不是：

◆ 尊重你？
◆ 欣賞你？
◆ 支持你？
◆ 挑戰你？
◆ 帶給你力量？

如果你發現自己的心思遊走到一個讓你感到不舒服的地方，這是正常的。盡力試著尊重那個空間，同時知道，這種感覺只是暫時的。當你給那個想法足夠的空間，也感覺到自己準備好離開的時候，你就知道自己可以離開、改變途徑了。

修正你的想法

仔細讀過自己的每個想法，決定它們能不能鼓勵、幫助以及和善的對待你自己。這些想法符合我們的原則嗎？把需要改變的想法修正過來。

你的想法	**這想法能鼓勵自己？** **這想法能幫助自己？** **這想法對自己是和善的？**	**修改過的想法**
我今天對自己很和善。	☐ 是的 ☐ 還沒有	
我要趕快把那錯誤藏起來，這樣就沒人會注意到。	☐ 是的 ☐ 還沒有	
我今天對同學微笑。	☐ 是的 ☐ 還沒有	
我開始進行一個新的專題報告，自己對這件事感到非常興奮。	☐ 是的 ☐ 還沒有	
我數學測驗考壞了，因為我不擅長數學。	☐ 是的 ☐ 還沒有	

正念型式的書寫

書寫是另一種強大的正念練習。它能捕捉你的想法和情緒。當你書寫的時候，你同時也讓自己的心靈放慢了腳步。你可以把內心世界此刻的感受帶出來，帶到外在的世界。書寫把你的內心世界和外在世界結合起來：筆和紙存在於外在世界，你的想法和情緒存在於你的內心世界。

寫日記也是一種探索內心想法和情緒的管道。日記是個沒有評斷的空間，它讓你探索自己的心靈和心智正在發生什麼事，而它只有一個特別的觀眾，就是你自己。

書寫的力量：開始寫日記

1

準備筆和紙。你也可以利用這本書裡的空白處，或是拿日記本來寫。

2

當你要開始一個新習慣，你得選擇一天當中某個明確的時間來寫日記。

3

把你想寫下的任何事都寫下來。試著把你的思緒和情緒寫成文字、畫成圖畫，或是塗鴉也可以。

4

有許多的想法飛進你的心靈天空，這是十分正常的。接納它們，然後再練習把它們吹出去，只選擇一個你想要聚焦的想法，寫下來。

5

打開你的好奇心，不要有任何拘束。

下面一些小提示可以讓你有個好的開始：

◆ **當你想到自己的大腦和心靈會成長時，你看見什麼景象？**

◆ **你今天犯下最酷的錯誤是什麼？**

◆ **你想要接受什麼樣的新挑戰？**

◆ **你感到得意的新技能是什麼？**

偶爾斷電也沒關係

你可以把棍子放下來，沒關係的（這是在說什麼啊？別急，看下去）。

很久以前，棍子就是人類的科技，那時候的人類到任何地方去都會帶著它，就跟我們今天隨身攜帶著手機一樣。以前的人類想知道如何利用自己的棍子，讓事情更容易或是更有效率。我們的祖先想利用棍子來創造、建造東西，棍子是他們的工具。他們將棍子相互摩擦來生火，接著再利用自己以工具創造出來的火。

如果你在那時期的洞穴外散步，你會聽見父母對孩子們說：「把棍子放到旁邊去！該吃東西了。」或是「把棍子拿開，該去睡覺了！」那時候的孩子會回答：「好啦，可是我還在玩棍子耶！」他們的父母會說：「但是它把你跟其他人互動的時間占走了，因為你只注意到你的棍子。」或許他們真正用的字眼不是這樣，但是你可以想像那畫面吧。

棍子是相當有趣和有力的學習工具。重要的是，當那些孩子們放下棍子之後，他們的大腦有了空間去想新點子。那些孩子早晚會學到，要把自己的科技放下來，才能讓自己有時間去發想新點子和發明新事物。當你把你的「棍子」放下來，轉而注意四周發生的事情時，你就會有更多的時間去探索和創造。

吃和睡也要全神專注

你的身體需要吃東西、睡覺和玩耍，你的大腦和心靈也一樣。進食是你補充燃料給自己的身體、大腦和心靈的途徑。營養的食物帶給你所需的活力和維他命，來進行你滿檔的活動。吃東西的時候也是進行正念的好時機，因為你可以全神專注在你所有的核心感覺。

下一次當你坐下來吃點心的時候，試著注意自己以下這些感覺：這食物聞起來是什麼味道？吃起來像什麼？當自己咀嚼、吞嚥的時候，有什麼感覺？你可以想像它是在哪裡生長的，或是它如何被製造出來的嗎？看看你能否注意到一些關於眼前食物的新資訊。你數得出來自己咀嚼的次數嗎？

睡眠對於你的整體健康也很重要，因為它在一天二十四小時的循環當中，占了很長的一段時間，它讓你的身體、大腦和心靈休息。許多人在睡覺前會習慣放鬆和練習感恩，像是專注在正念的呼吸，準備讓身體、大腦和心靈休息。你有任何的睡前習慣嗎？

建立你的睡前習慣

試試看，你能不能為自己建立一些睡前習慣。你通常在睡前的一個小時做些什麼？睡前半小時呢？你進入夢鄉之前，大腦裡想的是什麼？把這些在睡覺前寫下來。隔天早上，看看自己的感覺，並重點式記下一些心得。你有注意到任何的習慣模式嗎？

◆ **上床睡覺前一小時，我在想……**

◆ **上床睡覺前半小時，我在想……**

◆ **上床睡覺前二十分鐘，我在想……**

◆ **隔天早晨，我感覺……**

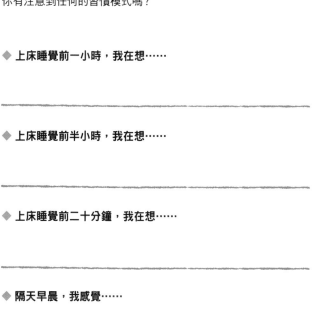

痛點 4

面對新的挑戰
總感到害怕而裹足不前。

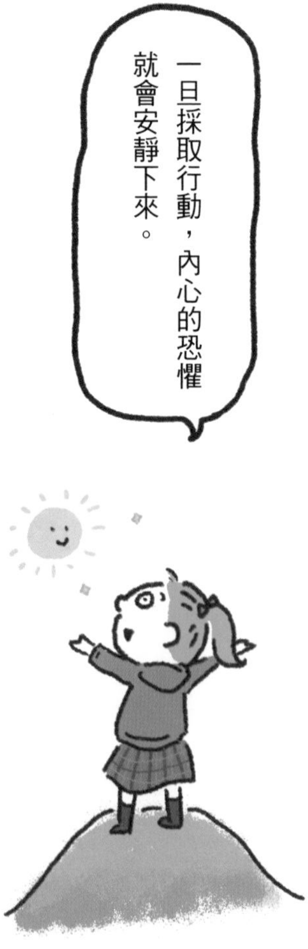
一旦採取行動，內心的恐懼
就會安靜下來。

成果發表會
下個月有成果發表會，
大家要努力練習嘍！
每個人都要表演喔。
你想表演哪一首？
我們一起練。
你會自彈自唱了嗎？
琪琪社長，我可以只在臺下看表演就好嗎？
為什麼？這是個很好的表現機會！
我也不想上臺表演。
怎麼了？你最近練習得不錯啊。

我害怕上臺。
我也怕，我怕我彈不好。
如果我彈到一半，弦斷掉怎麼辦？
如果我彈不好，被嘲笑怎麼辦？
如果我自彈自唱，忘詞怎麼辦？
如果我有一個音彈錯怎麼辦？
如果我表演的時候，手指打結怎麼辦？
如果我一走上臺，就跌一跤怎麼辦？
如果我彈到一半，肚子餓，
咕嚕咕嚕叫，怎麼辦？

如果我喜歡的學長在臺下聽怎麼辦？
如果太多人聽到我的歌而喜歡上我怎麼辦？
停停停！
你們兩個，越講越誇張。
沒關係啦，我第一次上臺的時候也很緊張。
對，她怕到發抖。
彈出來的每個音都是「抖音」，哈哈哈。
反而變成特色，大家都拍手叫好。
哈
哈
哈

所以不要怕啦。
多練習就好嘍！
這樣好了，
言言你彈，小薰來唱。
好主意耶，這樣如果不小心犯錯，也有人陪。

言言跟小薰腦中好多可怕的想像啊，繼續這樣想下去，都要被這些可怕的想像淹沒了！在心理學，我們稱這些可怕的想法為「災難化思考」，災難化思考是指在預想未來的情況時，即使發生的機率不高，還是會不斷去想最壞的結果。

雖然災難化思考的原始用意是為了保護我們，居安思危，希望避免發生壞事，或是希望發生壞事時有心理準備，不會被嚇到。但是陷入無止盡的災難化思考，會引發太強烈的恐懼情緒，導致我們不敢去嘗試，也就失去了檢驗壞事是否真的會發生的機會。由於沒有辦法檢驗，這樣的災難化想法可能會一再的出現，反而變成我們生活中體驗與學習新事物的巨大阻礙。

言言跟小薰做了一件很棒的事情，就是把這些災難化的想法大聲說出來。如果把這些想法當作祕密，只留在自己腦中，它會變得更大聲、更難停止。當我們把它說出來，就有機會鬆動與轉變這些恐懼的念頭，讓新的想法出現，也有機會跟別人一起商量，想到一些好方法。例如言言跟小薰可以搭檔表演，互相打氣跟壯膽。當我們有機會去嘗試，才有機會檢視那些災難化想法是不是真的那麼可怕。說不定真正表現時，比預期好；或是就算真的表現不好，其他人並沒有那麼在意，因為大家也都經驗過新手階段啊！往後，當大家一起回憶新手時的出糗經驗，也是有趣的共同回憶喔！

和恐懼做朋友

現在，你對於大腦以及如何讓心靈安頓下來有更進一步的認識了，我們要來看看，某些看起來像是成長型思維的「敵人」，事實上卻是「朋友」的事情——我說的就是恐懼。

恐懼是個很奇妙的情緒，它使我們可以避開真正的危險，存活很長一段時間。謝謝你，恐懼，我們很珍惜你。

既然恐懼可以成為我們的朋友，我們也需要不時的留意它，因為它有時候會把「保護我們」的工作看得太認真了一些。當這種狀況發生時，很容易讓我們錯過許多接受挑戰和得到啟發的機會。

在這一章節，你會探索：當恐懼以自己的方式，介入你各種形式的學習和成長區域（例如家中、學校），以及你的未來時，要如何擁抱它。

認識基本的區域帶

當你在參與某個活動時，就已進入了某個「區域」。你可能已經聽過其中一些區域的名稱，像是舒適區（或舒適圈）、恐懼區、學習區和成長區。在每一個區域裡，你會去思考、感受和體驗不同的事物。每個人的區域都是獨一無二的，因此你的恐懼區跟你朋友的恐懼區很可能不一樣。

你的各種區域看起來、感覺起來是什麼樣子呢？

舒適區	你覺得很安全，事情都在自己的掌控當中。
恐懼區	恐懼讓你知道它的存在。它會警告你，讓你開始去找出方法，避免做那些讓你緊張或是害怕的事情。
學習區	在這區塊中，你可能會覺得緊張、焦慮或挫折、好奇或冷靜、興奮或得意。你嘗試新事物，願意冒險，一再練習、犯錯、失敗，然後才得到新知識和新技能。
成長區	你在這當中可能會感到緊張、焦慮或挫折、好奇或冷靜、興奮或得意。我們運用自己學到的東西、設定目標，然後採取行動往前進。

你有許多方式可以穿過這些區域。重要的是，要開始留心自己做了一個決定或是接受一個挑戰之後，內心有什麼樣的感覺。當你進一步檢視自己是如何做決定的時候，你對自己以及自己的區域會有更多的認識。

恐懼型和成長型決定

我們整天都在做決定，數量可達好幾百，甚至上千個決定。有些決定很簡單，有些則複雜一些。我們能意識到某些決定，有些則渾然不知。可以肯定的是，這些決定往往落入兩大類別之一：「恐懼型決定」和「成長型決定」。

我們會做出恐懼型決定，是因為「恐懼」照它自己的想法做事，要讓我們遠離危險。恐懼的目的是要讓我們待在舒適區和恐懼區，遠離學習區和成長區。恐懼的本意是好的，卻也使得我們退縮不前。

當我們能夠讓恐懼知道我們並沒有危險時，就能做出成長型決定。我們必須認可恐懼的警告讓我們保持安全，然後帶著它上路，即使它一路尖叫也沒關係。

要記住：其他像是喜悅、得意等情緒會在你做出成長型決定時，採取行動。一旦你上路了，恐懼就會安靜下來，你也就能開始享受這趟學習之旅。

什麼樣的決定是恐懼型決定？哪些是成長型決定呢？看看下面的例子。

恐懼型決定	成長型決定
當有人請你公開分享你的作品，例如做簡報時，你會說「好」，因為你害怕其他人可能會怎麼看你。	當有人請你公開分享你的作品，你會說「好」，因為你知道這聲「好」能幫助自己充實信心和勇氣。
你對一項挑戰說「好」，因為你會害怕自己犯錯或失敗。	你對一項挑戰說「好」，因為你知道挑戰能讓你的大腦和心智更加強壯和聰明。即使不小心犯錯了，也有這種作用。
你決定選擇程度較容易的數學課，因為你希望自己說出的答案都是正確的。	你鞭策自己選擇程度較難的數學課，因為可以從老師那裡獲得幫助，再學得更多！

確認出恐懼和成長

當你開始留意自己是在恐懼還是想成長的心理之下做決定時，你會開始看見自己以全新、預料之外，以及富挑戰性的方式成長。所以，現在輪到你嘍，分辨你所下的決定，寫在下面的欄位裡。

恐懼型決定	成長型決定

如果……怎麼辦？

當我們打算跨出舒適區和恐懼區，進入學習區和成長區的時候，有時候會被「如果……怎麼辦？」的想法給絆住而跌跤。我們會開始想像所有可能會出錯的狀況。

你可能會想像下面這些情況：

- 如果我在陳述報告的時候忘詞了怎麼辦？
- 如果我在舞臺上表演時，跌倒了怎麼辦？
- 如果他們嘲笑我怎麼辦？
- 如果我的耳朵麻了、我的舌頭腫了，沒辦法說話，或是聽見他們嘲笑我，然後我試著要跑開，卻跌跌撞撞地掉進「如果……怎麼辦？」的兔子洞時怎麼辦？我的意思是，這的確很有可能發生啊！

有「如果……怎麼辦？」的思維是很正常的。它讓我們有暫停時間，來再次確認自己是安全的。它也可能帶給我們往前進的當下所需要的事物。怎麼說呢？因為我們的「如果……怎麼辦？」的假設，往往離事實非常遙遠，也很少發生。再說，看到自己的想像力可以創造出哪些「如果……怎麼辦？」的場景，也非常奇妙呢。

下一次當你做決定時，試著看看自己能否瞧見「如果……怎麼辦？」的兔子洞。你能抓住自己，把嚇人的「如果……怎麼辦？」的力量抽出來，而做出成長型決定嗎？

提醒你，「如果……怎麼辦？」的思維可以讓你暫時停止下來，和自己的直覺確認事情順利與否。仔細傾聽你的直覺本能，不過，如果你在生理上或情緒上感覺有危險，覺得不安全，請盡快告訴一位你信任的成年人。

認識意想不到的好搭檔：錯誤！

在人生旅途上，你會遇見許多阻礙，甚至還有一些惡棍。你會被打倒，然後站起來，這個過程會不斷重複，而你也會慶祝自己度過許多成功和精采的歷險。這一路上，你知道自己最忠誠的搭檔之一是誰嗎？答案是：錯誤！

有了成長型思維，你會發現自己願意接下更大、更有趣的挑戰。面對較大的挑戰時，你會犯更多的錯誤。你猜怎麼回事呢？這就是我們渴望的目標！這麼說是什麼意思呢？我們怎麼能把錯誤看成是我們這趟刺激的學習旅程的一部分？

在某些狀況中，「錯誤」兩個字的意思變成了「應該要避免」的事情。我們開始用它來描述自己認為是「錯的」或是「不對的」事情。接著，我們開始把一連串的錯誤形容為「失敗」。但是當我們從錯誤中學習時，失敗還存在嗎？答案是：不存在了！錯誤點亮了我們學習的火花，激勵了我們的大腦。

一個神經科學家和心理學家組成的研究團隊發現，當你犯錯時，大腦裡的突觸也活躍了起來。當你犯錯，大腦會活化、成長，即使你沒意識到也一樣。也因為這些掙扎奮鬥，你的大腦成長了！

你有很多跟錯誤相關或從錯誤中而來的事情要學習、要忘卻或再次學習。舉例來說，不是所有的錯誤都有相同的後果，有些錯誤的後果比其他的還大。最重要的問題不是「你犯的錯有多大」，應該最在乎的問題是「你從自己的錯誤中學到了什麼、忘卻了什麼，或是再次學到了什麼？」

改寫錯誤

有時候，你會發現某個悲哀的故事到處流傳著，內容大略是說：「錯誤和失敗都是不好的」，這就是一個應該好好撕碎、扔掉或是修正的故事。

你可以試試這麼做：

①要在一張紙上寫「錯誤是不好的」幾個字，然後把它撕掉、丟棄！

②再拿一張紙，寫下：「犯錯使我的大腦成長！」

③如果你能再加上一些有趣的細節、圖畫，或是表情符號，效果就更棒了！

從錯誤中學習

你是不是曾經為了一場表演、比賽或是一次簡報，拚命想降低錯誤，好讓自己所有的努力和練習完美結合起來呢？答案當然是：沒錯！我們想要在這些時刻裡盡可能不犯錯。但即使是如此，失敗和損失還是會發生，而這也是完全正常的。

世界上許多發明和發現，都是跟隨錯誤和失敗而來的，從電燈泡、巧克力餅乾到黏土，都是如此。某個人嘗試做出某些東西、接下了一項挑戰或是解決一個問題，他最後發現或創造出新的東西。在這裡，關鍵字就是「嘗試」。在嘗試的過程中，他犯錯，而從這些錯誤中誕生了新發明。

當你在學習區和成長區的時候，錯誤比較能讓人接受。請試著練習說：「嗨，錯誤！真高興再度看到你。你的出現，表示我自己正在學習。」

我們知道犯錯是正常的，因為我們正在學習，正在嘗試新的東西。在這種思維下，我們明白錯誤是必須發生的。學習區和成長區也是犯錯和記取錯誤的區域。

錯誤帶給你的好處：

- ◆錯誤使你的大腦受到鼓舞和成長。
- ◆錯誤給予你資訊。
- ◆錯誤幫助你學習、成長。
- ◆不是所有的錯誤都是相等的。
- ◆犯錯和從錯誤中學習帶給你發展的力量、潛能和可能性。

去做令我感到害怕的事情，這行為本身其實是在解除我的恐懼。

——珊達・萊梅斯（Shonda Rhimes），美國編劇、導演和電視製作人

認識自己的錯誤

錯誤的價值極為重要：錯誤帶給我們有益的資訊——我們犯的每個錯誤都是一個機會，去學習、忘卻或是再次學習某件事情。以友善的心和好奇心跟錯誤打招呼，就像我們跟自己的思緒和情緒打招呼一樣。

你甚至可以試著跟自己的錯誤對話。問它：「錯誤啊，你在這裡出現是要教我什麼呢？」然後傾聽。仔細的聆聽。把自己當成調查者好好處理自己的錯誤，盡可能從中獲得資訊，然後把這些得到的資訊應用在下次的嘗試中。重做一次、再試一次、重頭來過。學習就是這麼一回事啊！

調查自己的錯誤

當你再次嘗試某件事時，曾經犯下的錯誤，真的對你有幫助嗎？當中的過程如何？寫下你最近犯過的幾個錯誤，以及你從這些錯誤中學到了什麼。

錯誤	它如何幫助了我

錯誤藏在這裡

有時候，我們會覺得，學校並不是一個歡迎錯誤和失敗的地方。有時候，我們感覺那是一個學生不斷被評論和評估的地方。因此你會覺得自己無時無刻都需要知道正確答案。你甚至會覺得自己不能開口發問，或說出：「我還不知道。」我們把這種不歡迎錯誤和失敗的地方稱為表現區。

學校應該是一個讓人學習和成長的地方。當我們在學習的時候，錯誤和失敗就是會自動出現！當我們忙著擔心犯錯和失敗時，就會傾向待在自己的舒適區和恐懼區裡，而不願意盡力去學習、改進和成長。相反的，我們忙著向其他人表現和證明，我們已經全部弄懂了、我們已經知道答案了。

你可能在學校裡經歷過這種對於錯誤和失敗的感受。果真如此，我感到很抱歉。我們成年人需要做得更好，讓學校成為一個安全學習的場所，願意鼓勵學生冒險、歡迎學生犯錯。我們需要學校成為學習區和成長區。

值得興奮的是，你是屬於下個世代的一分子，你們可以改變學校內以及學校外的學習。想知道如何順利開始？答案是：把你學到跟成長型思維有關的心得，分享給每一個你認識的人！

將意志力化為行動力！

你的生理期可能已經開始來了，或著還沒開始，不過你知道嗎？世界上有一個由女孩和成年女性組成的網絡，她們想幫助你在一個獲得支持、沒有評斷的安全環境裡，慶祝自己每個月的生理期。

一些和你相同的女孩，在二〇一四年成立一個名為「生理期」的組織，希望能幫上一些忙。生理期組織的目標，是要在學校、庇護所和監獄裡提供免費、乾淨和健康的生理用品。

這些組織裡的女孩們教育其他人，去改變人們對於生理期的想法和說法，進一步去學習、認識生理期。她們為整個體系的改變努力奮鬥著，朝生理期平權的目標前進。她們甚至在二〇一九年十月十九日發起了全世界第一個全國生理日，要喚起人們對「月經貧窮」現象的注意。像你一樣的女孩和女性們要求，可以負擔得起更多足夠的生理期用品，以及廢除月經稅（又稱衛生棉條稅）。

譯註：

月經稅是指有關衛生棉（條）和其他女性生理用品的售價中，包含增值稅或營業稅。支持女性生理用品免稅的人認為，衛生棉條、衛生棉、月經杯等相關用品是女性不可或缺的必需品，應該要免稅。自二〇〇四年開始，已經有肯亞、加拿大、印度、哥倫比亞、澳洲、德國及印度等國家廢止或減少了這些生理用品的營業稅。而臺灣自二〇二三年八月起，也在各級學校提供青少女免費生理用品。除為解決「月經貧窮」問題外，也希望能讓難以啟齒的「月經」，成為教室裡不分男女的平凡日常。

在學校裡成長

這些方法，讓你即使不在學校也能有所成長：

- **跟手足、父母、祖父母、鄰居或朋友一起解決問題。**
- **結識社區裡的人，和他們成為朋友。**
- **報名參加新課程 —— 藝術、拳擊、舞蹈、音樂，只要是你喜歡的都好！**
- **投入一項運動 —— 籃球、足球、游泳、長曲棍球、射箭，隨你選擇！**
- **設計或是創造某些東西。**

你認為在學校外還有哪些方法可以踏入學習區和成長區？
試著列出兩種方法。

1 ______________________________

____

2 ______________________________

____

向成人發問

你是否好奇，自己周遭的成年人曾經犯過哪些錯誤、遭遇過什麼失敗嗎？開口問他們吧。下面的問題可幫助你了解成人犯錯的經驗，以及他們從當中學到了什麼。

為了得到最好的效果，最好先讓成年人知道，你這麼做是想要更加了解他們。向他們解釋，你試著學習「錯誤」的意義，以及他們如何從自身的失敗經驗學習。接著，再問他們以下這些問題。最棒的方法是，由你自己寫出想提問的問題。

「失敗」對你來說是什麼？

你遇過的失敗中，哪些是你最喜歡的？

「錯誤」對你來說是什麼？

你覺得為什麼某個特定的錯誤會發生呢？

你犯過的錯誤中，哪些是你最喜歡的？

你覺得為什麼某個特定的失敗會發生呢？

你失敗的時候，心裡有什麼感覺？

你從自己的錯誤中學到了什麼？

你從自己的失敗裡學到了什麼？

當你犯錯時，心裡有什麼感覺？

你的目標是要和自己信任的成年人分享情感交流的經驗，彼此相互學習，以及對彼此的生活產生好奇。請在下面記錄成年人的一些回應。

痛點 5

害怕自己做得不夠好、不夠完美

世界上沒有完美的人啦，真的。

啊啊，我又唱錯了，
再重來一次！
好。
不行不行，這裡不夠好，
再重來一次！
好。
走音了，再一次、再一次！
……。
你們還在練第一段啊？
她們已經重來28次了。

彈給我們聽聽看。
好想你
真的真的好想你
我覺得很不錯啊。
我慢了四分之一拍。
已經夠好了，不要給自己太大壓力啦。

小薰說，
一定要練到完美無缺，才能練下一段。
真了不起，你們很努力耶！
對啊，
但是我覺得一直彈這段有點煩。
你們先繼續往下練吧，一點點小缺點沒關係啦。
不行，一點點失誤都不行！我們還沒試過練習一整首。
會不會失去彈吉他、唱歌的樂趣了？
點頭
點頭
會不會到下個月，你們才練好第一段，
那怎麼表演？

其實，
我也很煩惱。
跟我一樣，追求完美的煩惱嗎？
來擊掌吧！
不，我煩惱我太完美了。
唉，你知道嗎？
一百分的人無法得到「最佳進步獎」，
因為沒辦法再進步了。
所以，學妹，珍惜你還有進步的空間。
……

不知道你身邊是否也有像小薰一樣追求完美的朋友呢？還是你就是那個追求完美的人？其實「追求完美」不一定是件好事或壞事，因為追求完美也有很多不同的類型喔。有些人追求完美的動力是來自於「恐懼惡評」——害怕別人給予不好的評價，然而別人的想法是我們無法控制的，所以當過度渴望別人給予好評價，心情會非常焦慮不安，陷入不斷出現的災難化想像中。所以，當我們希望追求完美的出發點是因為恐懼被批評，往往反而因為太害怕失敗，最後導致放棄。

比較健康的追求完美，動力來自於「自我挑戰」。自我挑戰的目的是希望能成長與自我突破，重點放在自己身上，所以成功與失敗都與別人無關，這時候心情比較是興奮跟期待的，也比較能面對嘗試與挫折。

重視自我挑戰的人往往會發現，勇敢嘗試，才能檢驗自己的成果，找到盲點與需要調整的地方。所以，基於自我挑戰的追求完美，是不害怕失敗的，甚至是希望別人能告訴他不夠完美的地方，因為找到不完美的地方，才有機會更完美。

如果你是追求完美的人，你能夠分辨自己的動力來自於「恐懼惡評」還是「自我挑戰」嗎？

別讓「完美」的念頭擋住你

在成長型思維旅程上，主要障礙之一，就是是追求完美的渴望。不過，告訴你一個祕密：想要完美的念頭，就只是一個「念頭」而已。偏偏這個念頭會擋住你前進的方向。

當你的目標是「完美」時，你會專注在證明給其他人看，自己能做到這件事。但是完美是一種虛構。當你專注於要在別人眼裡看來「完美」時，你錯過了自己的旅程，以及隨之而來的精采歷險。

現在，我們要打掉完美的迷思，發覺當我們犯錯、再嘗試的時候，可以讓我們看見更多的東西，也會讓自己更成長。

精采的事物等著你

有時候，人們會去避免嘗試新的或困難的事物，因為害怕沒辦法在這些事情上做到「完美」。但是，仔細想想，如果你連試一試都不願意的時候，會錯過多少好玩和神奇的事情呢！

下面列出來的事物只是一小部分而已唷：

◆學習彈吉他，跟著樂團周遊世界。
◆學習海洋生物學，跟海豚在海洋裡共游。
◆學習另一個語言，結交來自世界各地的朋友。
◆在動物庇護所當志工，把關心和舒適帶給流浪或受傷的動物。

世界上還有很多有趣的事情，等著你去發現。讓我們來探索如何在成長的路途上不掉進「追求完美」以及「和其他人競爭」的陷阱。你要學習的是如何祝福和支持其他人，以及你自己。

「完美」是個陷阱

如果你在學習時不需要付出努力、奮鬥和犯錯，那麼表示你沒有真正學到什麼。你的確有在做某件事情，但是沒有學習。就像是你早已經知道如何穿上衣服和吃早餐，你只是重複做這些事而已。

有時候，你把重點放在做自己「已經知道怎麼做」的事情上，因為你想要向其他人證明，你是聰明的。他們傳達一個訊息給你——他們在評估和判斷你——因此你開始表現，讓他們看到你擅長的事情。你開始這麼做之後，很快的，你便落入了「完美」的陷阱，動彈不得。在其他時刻，「可能失敗」的想法占據了我們的大腦，讓我們停下了腳步。

然而，學習是一個牽涉到努力、奮鬥、犯錯和失敗的過程。我們學習的每件事情剛開始都是困難的，這就是你怎麼知道自己的大腦正在擴展、成長的原因。當某件事情變得很容易時，意味你已經知道怎麼做了，這時你沒有在「學習」。

重新定義完美

我們再來探討「完美」對你的意義。

寫下此刻「完美」對你的意義：

現在，讓我們來探討完美的定義。當你知道完美只不過是一個想法之後，你有什麼感覺？在這個練習中，你可以把「完美」兩個字改成任何字眼。如果「完美」對你來說，表示自己只是犯了一個可笑的錯誤，因為自己在嘗試新事物，那麼它的意義就是如此。照這邏輯來看，「完美」就是你想要它變成的樣子，而不是其他人想要它變成你希望的樣子。

在下一頁寫出三到四種你喜歡的活動，再寫下你對這些活動達到「完美」的新定義。如果你寫下「彈吉他」，或許它的完美新定義是「彈一首新歌，就算彈錯很多地方也沒關係」。不要害怕自己可能會寫出一些很天馬行空的瘋狂想法。這是你的遊戲，是你自己的「完美」版本。

我的「完美」活動

活動	新「完美」

重新整理自己、再試一次

「跌倒七次，站起來八次。」

「那匹馬讓你摔了下來，你還是照樣爬上馬背。」

「順風彎腰的竹子，比逆風抵抗的橡樹更堅強。」

你覺得上面這些諺語和格言的涵義如何？當你把許多格言一句句拆開來看時，可能沒有什麼邏輯可言。但整體來說，它們仍然清楚傳達了一個完整的訊息。舉例來說，當我們剖析「跌倒七次，站起來八次」這句俗語，毫無道理可言，因為如果你跌倒七次，你再站起來，總次數是七次，而不是八次。所以，它要傳達什麼訊息？

當眼前有阻礙或是挫折擋住你的去路——這是一定會發生的——要堅持下去，鍛鍊自己的適應力。

將意志力化為行動力！

當女子網球冠軍、史上最偉大的網球運動員之一的賽琳娜·威廉斯（Serena Williams）發現失敗的力量之後，她把自己的運動生涯和生活往上提升了一個新層次。

她說：「如果你總是把事情都做對了，就無法知道如何讓它更好。但是，如果你失敗了，那麼你就能夠讓自己比失敗之前站得更高。」

賽琳娜在網球場上贏得了很多次的「勝利」，不過她是非常認真努力才到達這個境界。當壓力擋在她面前時，她一連輸掉三次大滿貫冠軍獎盃。她領悟到：在自己追求完美的同時，自己反而成了自己的阻礙。她改變自己的思維，放鬆下來，開始享受比賽——接受自己有贏有輸。在那之後，她一舉連續奪下四個大滿貫冠軍獎盃。

「回饋」是你的朋友

回饋是什麼意思呢？它是從哪兒來的？回饋指的是你從外在的世界得到的建議、意見和評論等資訊，幫助自己往前進步。回饋是你的朋友，而你的朋友們則會給你回饋，不是嗎？

記住幾件事：

- ◆ 不是所有的回饋都能讓人愉快的接受。
- ◆ 從你信任的成人、同儕和朋友得到回饋。
- ◆ 不是所有的回饋都是相等的。
- ◆ 不要接受那些實質上是貶低、奚落你的回饋。

要記得把這本書拿出來驗證，注意這個回饋是不是：

◆尊敬你？
◆欣賞你？
◆看重你？
◆幫助你？
◆支持你？
◆挑戰你？
◆能讓你做出行動？
◆充實你的學習？
◆充實你的力量、潛力和可能性？

知名學者、暢銷書作家布芮妮．布朗博士給了我們關於回饋的建議：「體育館裡很多便宜的座位上，坐滿了從來不曾冒險把腳踏上地板的人。他們只會坐在椅子上，叫嚷著一些尖酸刻薄的批評和奚落。」

她說，如果某個人只是為了批評而批評，或是表現得很刻薄，甚至侮辱別人，她自己是不會接受對方所謂的回饋。她只會讓那些話落到地板上，留在那兒。我們絕對可以遵從這樣的建議。

生命是隻好奇的貓

不管你相不相信，以前的人可是相當害怕「好奇心」的呢！為什麼？在某個時期裡，好奇心是不被鼓勵的，因為某些有固定型思維的人，想要讓這世界永遠一模一樣，沒有任何改變。他們不想讓人相信自己，也不想要人發問任何原本可以讓這世界更好的問題。那時候的人認為好奇心需要受到控制。

我們現在不會這麼想了。好奇心是一個可以帶你到世界各地的神奇工具；好奇心讓你往前進，讓世界變得更好；好奇心是一顆讓學習成長的種子。

好奇心也是「追求完美」的解毒劑。當我們對某件事情產生好奇時，我們只是想多知道一些關於它的事，或者試試看。我們並不在乎自己表現得如何，或是自己有沒有做對。

不斷的探問自己

★ 我今天可以如何讓自己有所成長？

★ 我對什麼感到好奇？

★ 我想要學什麼？

專注在單純的狀態

好奇心會帶著你迎接新挑戰和歷險。不過，這些歷險也往往會讓你落入自己的恐懼區。如果要處理好這個恐懼區，繼續往前走，你可以用幾個小訣竅。其中一個便是創造一段「箴言」。

箴言是指讓我們不斷的專注在自己某一個想法、企圖或是觀點的敘述文字。你已經能知道，你會去留意的想法是那些讓自己有所成長的想法。為了不讓自己迷失在不斷飄動的思緒中，你可以用一段箴言，幫助自己專注在單純的狀態。

沒有錯誤，便沒有詩意。

——喬伊．哈爾度（Joy Harjo），美國詩人

勇氣箴言

這裡有些箴言讓你試試看，尤其是在你需要多一點勇氣的時候。

- **「我想要讓自己的聲音被聽見。」**
- **「我想要被看見和聽見。」**
- **「我無所畏懼。」**
- **「我很勇敢。」**
- **「我在哪，勇氣就在哪。」**
- **「勇氣讓勇氣壯大。」**
- **「我就是力量。」**
- **「我是無限的可能！」**

在你開始練習自己的勇氣箴言時，需要調整文字，讓它成為屬於你自己的箴言。在這些泡泡框裡，寫下自己的勇氣箴言，如果你覺得書裡列出來的已經很棒了，要直接使用也沒有關係。

將意志力化為行動力！

希拉蕊．柯林頓（Hillary Rodham Clinton）年輕的時候，想要成為太空人，而不是當美國總統。不過，在她成長的年代裡，一般人認為女性沒辦法、也不應該當太空人，或是美國總統。即使在那時候，女性才是在幕後撰寫數學程式、讓太空人進入太空的英雄，也沒有改變情勢。當時的情況就是如此。

二〇〇八年，希拉蕊．柯林頓在民主黨內角逐競選美國總統候選人，她落選了。不過，這次的失敗沒有阻止她，她轉而擔任歐巴馬總統的國務卿——她在那一年就是輸給了歐巴馬。二〇一六年，她再次角逐競選美國總統，成為第一個被主要政黨提名的女性總統候選人。可惜，她再次落選了。她試了兩次，失敗了兩次。

在那之後，她把時間用來專注在啟發和幫助全世界的女孩和女性上，這當中包括和她女兒雀兒喜合寫一本書《無畏女子之書：勇氣和毅力的故事》。

多虧希拉蕊‧柯林頓以及其他像她一樣的女性不斷嘗試，有更多的女性在二〇一八年的公職選舉中獲得勝選，是美國歷史上人數最多的一次。

下墜、拍翅，再往上飛翔

該是慶祝的時候了！在你生命的這一刻，你已經犯過許多錯誤，也經歷過失敗——因為你也只是平凡人。你是個學習者，也一次又一次的踏入自己的學習區和成長區。你想好了要如何慶祝自己的錯誤和失敗嗎？

跟自己擊掌

你會怎麼慶祝自己的錯誤和失敗呢？當我還在大學念書時，我最好的朋友史黛西教我如何和自己擊掌。每當她對某件事情感到很興奮時，她就會跟自己擊掌。自我擊掌聽起來可能有些傻氣，但我已經愛上這麼做了。當我犯了錯，我會在心裡跟自己擊掌。

你會用什麼樣的方式慶祝自己的錯誤和失敗呢？
列出三個方法吧。

1

2

3

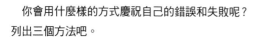

痛點 6

當我想挑戰新事物，總會被挫折打敗。

每一次的挫折都是邁向成功的養分。

下個月的成果發表，你準備好了嗎？
有，
我準備了〈大海〉。
怎麼又是這首，去年你也是表演〈大海〉。
這首我彈得很完美。
換別首啦，來點新鮮的！
不要。
品軒，別一直待在舒適圈，
要試著走出去。
有啊，我就是從我們學校走去別的學校啊。
老師不是那個意思啦。
是要你挑戰困難一點的歌。

試試看這首五月天的〈倔強〉
倔強
我和我驕傲的倔強～
哇～老師好厲害！
超好聽。
如何？品軒，要不要挑戰看看？
品軒學長彈唱這首一定很帥！
那當然！
我彈〈大海〉也很帥。
換首、換首。

品軒，午休的時候來找我練。
好……好吧，我試試看。
好難喔！
品軒加油！我陪你一起。
我們幫你加油！
學長加油！
學長加油！
我和我驕傲
的倔強～
學長好棒！
學長好棒！

好累，休息一下。
加油加油！
加油加油！
走出舒適圈。
嗚嗚，又彈錯了！
邁向更好的未來！
夠了夠了，
你們好像背後靈。
我們是為了幫助你。
知道了知道了，我自己會好好練習，
你們別吵，回教室午休啦！
學長加油！
學長加油！

品軒終於跨出願意舒適圈了，這眞的好不容易啊，但是當挑戰新任務，不熟悉的感覺、陌生的技巧、不懂的內容，都會讓我們進入有些笨拙的狀態。當你處在這種笨拙的狀態時，你會對自己講些什麼話呢？

你的內在語言是「自我挫敗」還是「自我激勵」？自我挫敗的語言大概就是：「我很糟」、「其實我根本就沒有天分」、「我太笨了才會學那麼慢」。可以想見的是，這些自我挫敗的內在語言會帶來沮喪、低落的心情，也會降低努力的動力，也許你可以想想看，這些自我挫敗的語言是從哪裡來的？也許來自於過去生活中的某個人，也許只是一個習慣。

心理學當中有個很有名的理論叫「自驗預言」，也就是當我們相信一個想法時，我們會傾向做出符合想法的行為，導致所想的結果眞的發生。所以如果我們一直相信這些自我挫敗的想法，就比較容易出現逃避或放棄的行為，導致眞的讓失敗發生。

反過來，自我激勵內在語言就會是：「試試看沒關係」、「有嘗試就有機會進步」、「下次再調整就好了」。自我激勵的內在語言會帶給行動勇氣，在不斷嘗試與調整過程中，成功或進步當然會出現，這也是自驗預言，只是驗證的，是成功的預言。你的想法正在影響你的行動，最後影響結果，所以快來學習如何調整你的內在想法吧！

接受新挑戰，本來就不是容易的事

接受新挑戰，覺得自己可以做點什麼，是很刺激的事情。但是挑戰並非都很容易的！有時候我們碰上一堆阻力時，會讓我們想放棄，或是轉往另一個方向。當阻力出現時，伴隨而來的是許許多多的想法和情緒。

不過，想法和情緒就跟錯誤一樣，都是要幫助你學習：它們是不是試著要警告你什麼事情？是不是要維護你的安全？它們試著讓你待在自己的舒適區和恐懼區？它們有拖住你前進的腳步嗎？還是它們在鼓勵你學習和成長？在這裡，你會練習如何擁抱阻力，聽取自己內心裡的聲音。你會檢視自己內在的聲音到底想要告訴你什麼，並利用這些資訊，幫助你順利通過橫阻在面前的障礙。

有挫折表示學習發生作用

成長型思維幫助你接下挑戰、嘗試新東西，因為這麼做才能讓你真正學習，讓大腦有所發揮。

然而，當你接下挑戰、嘗試新東西的同時，挫折往往就會進來攪和。這時候你就知道──挑戰開始了！你會經歷挫折和辛苦奮鬥，這是因為你開始踏出舒適區。這是非常正常的，挫折表示你進入了學習區和成長區。而奮鬥和挫折就是你在學習的徵兆。

下次當你學習新事物，開始經歷到辛苦奮鬥和挫折的感覺時，試試下面這些技巧：

- 深呼吸幾次。
- 專注在你的勇氣箴言。
- 留心注意你的思緒和感受。你在想什麼？你感覺到什麼？
- 承認你的想法和情緒：「我現在覺得……」、「我在想……」

當你對於確認自己的想法和情緒這件事感到自在許多之後，來看看自己可以如何改變它們，帶出下一步的行動。

線索是：看看你能不能使用神奇的字眼——「還」

受到挫折時的感受	往前邁進的行動
這太困難了。	現在**還**很困難，是因為這對我來說是新的事物，但是我知道，如果移開挫折和沮喪的感覺，我就會變得更好。
我不知道怎麼做這件事。	我**還**不知道怎麼做這件事，但是等我學會了，我會為自己感到驕傲。
我沒辦法做這件事。	我**還**沒辦法做這件事，我需要時間來研究和練習，然後我就會做得更好。
這個人為什麼想要阻止我進步？	我好奇他在害怕什麼，他一定不知道如何評估我，也許他自己也**還**不知道怎麼建立成長型思維。

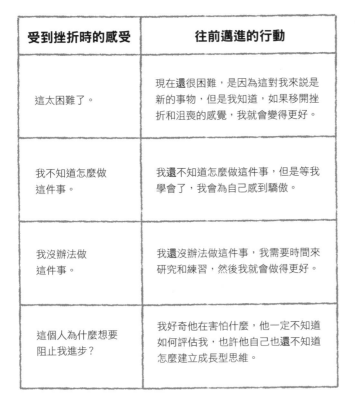

現在輪到你了。在下面左邊的欄位裡，寫下自己受到挫折時的感受；在右邊欄位裡，把這些受挫的感受轉化為往前邁進的行動。

受到挫折時的感受	往前邁進的行動

讓「或許」的概念，改變你的想法

你現在已經知道了「還」這個字的神奇。但是，你聽過「或許」的神奇嗎？有時候，事情不如你期待，或是沒有照計畫的方向前進——事實上，這是多數人都會碰到的情況——發生了錯誤和失敗，因此再來一次或重新來過的需求會不時的跳出來。

當這些時刻發生時——尤其是發生在眾人面前時——我們開始擔心其他人怎麼看我們。「我在演講時，他們有聽出來我的聲音在顫抖嗎？他們有注意到我的鼻子上長了顆青春痘嗎？」有這些想法都是正常的。我們是社交的族群，自然就會留心其他人的想法。

然而，真相是我們真的沒辦法知道別人的想法；正如我們的想法都是一閃而逝，其他人的想法也是如此。這裡就是「或許」兩個字進場的時候了。「或許人們沉浸在自己的思緒裡，根本就沒聽見我的聲音在發抖……」、「或許他們真的注意到我的青春痘，但是只花了一奈秒的時間想這回事，然後就移到下一件閃過心裡的事情：或許他們在想專案還需要哪些東西才能結案；

或許他煩惱弟弟又拿了他的口香糖；或許他們想著下課後要傳簡訊給誰，以及要在午餐時跟誰說話，或許……」你懂了，對吧。

記住：思緒和情緒都是短暫的——不管是你的或是其他人的，都一樣。

專注在你可以控制的事情

我們的生活裡有很多事情是我們可以控制的，也有許多事我們根本沒辦法掌握。天氣？沒辦法；其他人對你的想法和看法？沒辦法；我們對自己的想法和看法？可以；我們對自己的尊重、和善和同情？可以。

生活中有許多時刻，你可能會覺得事情失去控制了，或是你要失控了。這都是非常正常的。這樣的感覺特別會在你開始擔心其他人怎麼看你的時候產生。在這種時刻，讓自己回到自己內心世界的中心是很重要的。

重新導引情緒

當你覺得自己快要失去控制時，坐下來，深呼吸幾口氣。接下來，把你的注意力，專注在你可以控制的事情上。利用下面的問題，來幫助你重新導引自己想要專注的重點。

- **我想要讓身體哪個部位移動？**
- **我想要知道什麼？**
- **我想要唱或是哼哪首歌？**
- **我想要設計、創作什麼？**
- **我想要夢想些什麼事？**
- **有其他什麼事情是自己可以控制的？**

利用下面的空白處，回答上面任何問題。在你有所需要的時候，就翻回到這頁面重來一次。

改變，是好的

我們周遭的世界一直在改變，無時無刻。改變為我們創造了新天空去注視、新季節去感受、新想法和點子去探索，新體驗去享受，以及新的機會去學習和成長。張開手臂歡迎自己的錯誤和失敗，接下挑戰、解決問題和學習造成的所有原因——在我們大腦組織裡的改變以及我們想法、感受和身心的改變。我們總是不斷成為新的模樣、新的自己。

前第一夫人蜜雪兒．歐巴馬在她的書《成為這樣的我》（Becoming）中，分享了很多她學習到的事情，包括了她理解到，成年人如何透過不斷重複詢問某個特定的問題，傳達限制性的訊息。她說：「現在，我認為一個成年人問一個小孩『你長大以後想成為什麼樣的人？』其實是最沒有幫助性的問題之一，彷彿成長這件事是很有限的。好像自己到了某個程度之後，成為某個人物，然後就是終點了。」

她的書名讓我們看到，人總是不斷改變和進化。在生命旅程中，沒有準確的時間點讓我們突然停止學習、改變和成長。我們總是不斷成為某個樣子。

善待他人

如果有人問你：「你長大以後想做什麼？」你可能會感到有些抗拒。如果你不知道答案，心裡甚至可能會覺得有點羞愧。這都是正常反應！但是就如蜜雪兒．歐巴馬告訴我們的，這一開始就是很愚蠢的問題。

與其思考你想要什麼，倒不如去思考你要如何對待其他人。如一句諺語說的：「別人可能會忘記你說的話，但是絕不會忘記你讓他們產生的感覺。」

列出五件你想要用以對待他人的方式。

1 __________

2 __________

3 __________

4 __________

5 __________

勇敢作夢，勇敢發光

本書是關於學習如何運用成長型思維，來進入和慶祝我們無限的力量及潛力，即使在情況很困難、讓人難受時也一樣。遵從成長型思維，你能夠：

- ◆拿回自己學習和成長的主宰權。它就像一座花園，該由你去灌溉和栽培。
- ◆明白學習需要付出努力和精力。
- ◆擁抱挑戰。
- ◆明白錯誤的價值。
- ◆絕不要停止相信自己的力量、潛力和可能性。

但是當其他人懷疑我們、霸凌我們，或是不明白我們是誰、不知道該如何在一路上支持我們的時候呢？我們的成長型思維會啟發自己去勇敢追夢、盡情發光。要記住：當有人發出訊息，要捻熄你的光，這時候你要發出更強烈的光芒。如果你的光彩對他們來說太奪目了，他們大可戴上太陽眼鏡。

將意志力化為行動力！

潔絲．詹寧斯（Jazz Jennings）知道真實的自己有女孩的心智、心靈和靈魂，而不是這社會所看見的男孩樣貌。在她六歲的時候，她發揮了勇氣和果敢，在著名的新聞記者芭芭拉．華特以「跨性別兒童」為主題的電視節目中，接受芭芭拉的專訪。

潔絲持續發揮她的勇氣和果敢，成為非異性戀和多元性別族群（LGBTQ+）的權利運動人士，教育這世界關於她這一路走來的種種，包括記錄她生活的系列紀錄片，和她的同名繪本《我是潔絲》，以及許多她在世界各地的演講。

她在二〇一四年和二〇一五年入選《時代》雜誌「年度最有影響力的青少年」之一。

以觀點來看事情

能夠留心注意，並且明白自己周遭世界發生了什麼事，是身為人類的一樣禮物。這份覺知是一個機會，讓你的觀念和同理心成長。當你能明白和感受到某個人正經歷某件事情的想法和情緒時，同理心就會出現了。

當你看向四周，會看見每個人有不同的生活方式。看見人們在他們打造出的生活中占有一個角色，也會看見人們生活在為自己打造的生活方式裡。你會看見大大小小的問題，及看見許多你可以伸手幫忙的機會。我們周遭世界裡的「問題」也可以是「機會」，讓我們做出有意義的改變、去打造和活出我們自己最充實的生活，並支持其他人去打造和活出他們自己的生活方式。

我們可能會遇上許多打擊，但是我們必須不被擊倒。

——瑪雅・安傑洛（Maya Angelou），美國作家和詩人

你也是一名運動分子

花一點時間，去想想你身邊正在發生的事情。你居住的鄰里發生了什麼事情？你居住的社區、你居住的國家、這整個世界，你看見了什麼？聽見了什麼？把你觀察到的心得寫在這下面。

根據你的觀察，你有哪些方法可以幫助他人？也許那些人是你的鄰居，或是同個社區的人。

設定自己可以負責完成的目標

好了，你要如何應用自己目前所學的，以及你成長階段的種種經歷呢？你可以透過付出行動讓自己更加成長，做為慶祝的方式。意思是，你可以從「為自己設定目標」開始。

準確來說，所謂的目標，是指你為了想要達成某件事情，而想出確切的辦法。這目標可大可小，它並不是要你在此刻規畫出你整個生命的藍圖，而是計畫出你每天想做的行動，最終讓自己抵達自己想去的地方。

這裡有幾個設定目標的想法，幫助你發想：

- 設定一個每日目標，為自己慶祝。對著鏡子裡的自己微笑。
- 設定一個目標，讓自己和其他人分享你所學到的東西。
- 設定一個目標，讓自己學新東西。
- 設定一個目標，讓自己接下某個挑戰。

◆設定一個目標，慶祝自己犯的下一個錯誤。

◆設定一個目標，來創造一個安全的空間，提供給你的同學，讓他們慶祝自己下一個錯誤。

要永遠忠於自我，絕不要讓任何人說的話讓你偏離自己的目標。

——蜜雪兒·歐巴馬

往目標前進！

現在輪到你寫下自己想要達成的目標。如果你能夠一併寫下自己希望可以完成目標的時間，以及可能可以幫助你的人選，更能幫助你順利達成目標。記住：你設定目標的目的，是要能夠讓自己回顧和調整目標。調整和修改也是學習過程的一部分喔。

我的目標	我想要達成的時間	我可以尋求幫助的人

如果你沒有達成目標也沒有關係。還記得史上最偉大的網球運動員之一賽琳娜．威廉斯嗎？你要去留意自己沒有達成目標的原因：什麼事情阻礙了你？或許是你沒有獲得資源和幫助，或是你無意中聽見了其他人刺耳的狹隘訊息。利用這些資訊來調整你的計畫，並找一位你信任且會支持你的成人來幫助自己，再嘗試一次。有需要時，可以寫下自己學習過程中的心得。

痛點 7
有時候會覺得某件事
好像只有自己在意

勇敢成為改變的一分子，
相信你可以。

唉，最近社團裡的大家，
演奏技巧都沒有進步。
一定是有人偷懶，沒有好好練習。
可是我看大家明明都很努力啊！
言言，妳覺得可能是什麼原因呢？
我覺得，我們應該點飲料來喝，
心情輕鬆就會學得好。
就只知道吃。
我有一個想法，
但是，我不知道好不好。

說說看嘛。
我怕只有我一個人這麼覺得。
你不說我們怎麼知道。
我怕我的想法和別人不一樣。
不一樣才好啊。
所以你到底說不說？
我覺得……
我們應該和別的學校的吉他社一起交流，
可以辦比賽啊，或是聯合發表。

喔，不要啦，那好麻煩。
我不想跟不認識的人一起彈吉他。
我不贊成！
自己練就好了啊。
奇怪的意見。
看吧，大家不會贊成，我就說
所以我才不敢說。
小薰，
我覺得你的想法不錯耶！
來，準備團練嘍！
老師，
嗯？

小薰建議我們社團
可以跟別校一起辦成果發表會。
跟別的學校吉他社交流，
哇，這主意很棒喔！
可以學到新的技巧，分享經驗。
好，那我們就把下個月的成果發表改成跨校的活動。
OH~~ NO~~

在班上或社團中，如果大家正在七嘴八舌的討論某個議題，你會主動提出你的意見嗎？如果有人點名你表達意見，當你說出你的看法時，是否也像小薰一樣，心裡有好多擔心？擔心自己的意見不夠好，擔心提出意見會讓別人討厭，或是擔心自己表達能力不夠好，別人可能會聽不懂自己的意思，或是自己的意見不會被重視。

心理學家艾瑞克森（Erik Homburger Erikson）提出著名的社會心理發展階段理論，12～17歲的青少年正處於「自我概念統合與角色混亂」的階段，找到「我是誰？」、「我有什麼價值？」、「我跟別人有什麼不同？」在這個階段，我們會對同儕的看法很敏感，很在意自己在同儕眼中是否表現得夠好，是否受到大家歡迎和重視，別人的看法好像代表了自己的價值，我們正試著從這些他人的看法裡拼湊自己的樣子。除了同儕，社會文化與家庭價值觀、所處的團體特性也強烈的影響著我們對自己的看法，你有留意到那些社會文化價值觀對你的自我價值觀產生了影響嗎？

度過這個緊張又困惑的階段後，我們會慢慢確立自己的價值，接受多元價值，不再希望得到「所有人」的好感，比較能接納自己的優點與缺點，也比較能接受：別人不同的評價不代表自己是好或壞，只是代表雙方想法與價值觀有差異。如果能有這樣的感受，就代表你順利度過統整自我價值的階段囉。

破除僵化的迷思

你怎麼看待其他女性的經歷跟自己的關係？她們的故事如何啟發你用自身的能力，去體驗新事物呢？

許多人對於女孩和男孩可以做和應該做什麼事情的想法很狹隘。那些握有權力的人決定了女孩們應該做、學習和感受哪些事情，男孩們則應該做、學習和感受其他的事情。這想法多狹窄，因此人們關閉女孩可以擁有的特定空間、體驗和機會，尤其是有色人種的女孩。

今天，我們知道了社會以前——現在也常常還有性別的固定型思維。關於可以做的事情、感受和學習，所有膚色的女孩和男孩都是平等的。我們也知道，只根據生理特徵產生的生理性別、個人自己認同的性別、種族或是其他任何特徵，就告訴對方可以做什麼或是應該做什麼，是會傷害到每一個人的。

男孩也會哭，女孩也會很吵。有喜歡穿藍色衣服的女孩，也有喜歡化妝的男孩。男孩長大之後當護理師，女孩長大之後成立工程公司的例子也有所聞。我們每個人的大腦都是無可限制的。

這些殘存下來的老舊思想，有部分仍然影響著今天的男孩和女孩們，但是我們對於如何揭露這些錯誤想法的真相也越來越上手了。讓我們更進一步來看看。

有一個在現代已經幾乎不被採信的迷思，那就是：女性並不擅長數學、科學和科技。真相到底是什麼呢？其實女性一直以來對於數學、科學和科技就很厲害。過去至今有太多實例可以證明因為女性和男性的學習能力根本就是相同的。

今天，我們仍然不斷發現女性發揮影響力的各種方法，即使她們在當下沒有得到應有的榮譽也一樣。世界上第一個電腦程式設計師是誰？誰理解出讓火箭進入太空的數學算式？誰第一個發現神經可塑性的徵兆並與大眾分享？誰突破了解密人類基因謎團的重大進展？告訴你，這些人全是女性，讓我們繼續讀下去，知道更多她們的故事。

將意志力化為行動力！

愛達・洛芙萊斯（Ada Lovelace）在一八四二年出版了被運用在第一臺現代電腦的演算法，被全世界公認為第一個電腦程式設計師。

凱薩琳・強森（Katherine Johnson）在一九六一年算出讓火箭得以升空、進入太空的數學公式，幫助「美國國家航空暨太空總署

（NASA）」送太空人進入太空軌道、繞著地球運行、登陸月球並安全回到地球！即使她在工作中面對過性別歧視和種族歧視，卻始終不曾放棄。她深愛數學並嫻熟計算的程度，讓人們稱她為「人肉電腦」。

瑪麗安・戴蒙德（Marian Diamond）現代神經科學的奠基人之一。她是第一位提出人類大腦具有神經可塑性的科學家，一九八五年她甚至在愛因斯坦的大腦裡發現了神經可塑性的證據。

羅莎琳・富蘭克林（Rosalind Franklin）一九五一年的研究，帶領科學家在人類基因領域上得到了新發現，這包括了證明我們的基因是屬於一種雙螺旋的結構。儘管兩位男性科學家搶走了她在工作上的功勞，她仍然被視為歷史上最能鼓舞人心的科學家之一。

回顧歷史，幫助我們改變

遇上老舊、落伍和不正確的典範可能會讓人感覺悲哀和失望，不過時代已經改變了。有些人甚至會說，我們要回顧歷史，尋求那些令人敬畏或是備受尊敬的女性，成為時代範例，啟發我們的靈感。

你可能聽過統治古埃及的著名女王克麗奧佩托（Cleopatra），她也被稱為「埃及豔后」。但是你知道嗎？她可不是歷史上第一位或是唯一的女王。一位叫做哈特謝普蘇特（Hatshepsut）的女法老是埃及第一位女性領導人，在西元前一四七三年到一四五八年間統治埃及，而「哈特謝普蘇特」的意思就是「尊貴的女性」。

多認識歷史，可以幫助我們成為改變的一分子——頌揚女孩和男孩是平等的。事實上，用心閱讀這本書，利用你的知識做出有意義的貢獻，也是個絕妙的起點，成為這股改變浪潮的一部分。

天空沒有極限！

你還需要更多關於改變的證據嗎？不到一百年之前，我們還沒辦法進入太空。但是在一九六九年，美國人登陸了月球——這要感謝凱薩琳．強森超強的數學技能！即使在這不斷有新發現的時代，很多人還是錯誤的認為女性沒辦法成為太空人。二〇一九年十月十八日，第一個全由女性擔綱的太空人團隊進入太空，修補國際太空站電網故障的零件。許多跟你同年的中學生，拿著「天空沒有極限！」的標語，為太空人克里斯蒂娜．科赫（Christina koch）和潔西卡．梅爾（Jessica Meir）歡呼慶祝。

今天，六位女性和八名男性努力為在二〇二四年登陸月球接受訓練，做為阿提米斯任務的一部分。這將是首次有女性踏上月球，更棒的是，她們很有可能也會登上火星唷！

將意志力化為行動力！

你想過要造一座火箭，載人到火星去嗎？火箭科學家蒂拉．弗萊徹（Tiera Guinn Fletcher）還在念大學的時候，就已經做到這件事了。她為「美國國家航空暨太空總署」最大、最有威力的火箭貢獻了一己之力。今天，蒂拉則在全世界最大的航空製造商波音公司工作。

蒂拉一直以來就喜愛數學和科學，但是要達成她「碰觸到星星」的夢想之路，並不平坦順利。她想要建造飛機和火箭，因此決定到離家車程一小時之外的中學就讀，因為她知道，這能幫助自己達到目標。她往往是大學裡航太和工程學課堂中唯一的女學生，不過，這些都沒能阻止她學習。

「你必須要能朝向自己的夢想，不讓任何人擋在中間。不管情況多惡劣，不管你可能會流下多少淚水，你就是必須鞭策自己。你也必須明白，沒有任何事是唾手可得的。把眼光放在夢想的目標上，你會成功的。」

占住自己的位子！

如果你積極的增加自己的能力、潛能和可能性，去嘗試達成夢想，你就很有可能會發現自己是這領域裡的少數或是唯一的女孩。你有注意到這件事實嗎？

儘管女孩和男孩都有同樣的學習能力，卻無法得到相同的支持，進入這些偉大的行列。這就是為什麼信心、勇氣和領導等特質如此的重要。知道自己的支持者是誰、並尋求他們的幫助，也是很重要的一步。

如果你覺得自己好像是那個唯一開口詢問某件事、做某件事、主張某件事或是推動某件事的人，你會感覺很孤單。不過，充實自己並不光只是為你打開更多扇門，也會為所有在你之後進入這些門的女孩們製造機會。不要害怕站上這個位子，這是你的權利。

勇氣就像是一種常態、一項習慣、一種美德：你得透過英勇的行為得到它。就像是你透過游泳來學習游泳。你透過膽量來學習勇氣。

——瑪麗．戴里（Mary Daly），第一位獲頒化學博士學位的非裔美國人

你並不孤單

當你感到孤單時，試著提醒自己，儘管你在房間裡看不到其他女孩，不代表她們不存在。她們正在全世界各個角落追求自己的目標。閱讀這些女孩和女性打破藩籬的成就，能幫助你看見，自己屬於一個強大的全球組織的一分子。你會立即為自己正在做的事情感到驕傲，並感受到自己身處由這些優秀女性和女孩組成的大家庭中，她們都是你的夥伴。

當你感到孤單時，要記起這本書，回到這個段落來，再閱讀一次。標註下來，把書頁摺出一角，找到這段訊息：你並不孤單。

有我挺你，世界上其他眾多的女孩和女性也挺你。

我可以對你保證這一點。

記錄自己的勇敢

寫下你做過、讓自己感到自豪的事情。如果你想不出任何一件事，詢問老師、父母親或是你信任的長輩或朋友，他們都會為你加油的。有時候，在你自己可能還沒看見的地方，他們已經看見了你的勇敢。

絕對不要因為害怕自己可能會失敗，而停止腳步。

——利留卡拉尼女王（Queen Lili uokalani），夏威夷王國最後和唯一女王

拓展自身力量，過理想生活

世界有許許多多的女性每天都做著勇敢的事；做著要讓她們的生活、家人、學校和社區變得更好的事；做著要讓這世界變得更好的事。我們每個人做這些事的方式看起來都不相同，也沒有哪個方式贏過其他方式。我們容易取得的資源和讓我們決定走上哪條路的機會也不一樣，甚至連我們如何連結自己的家人、我們如何過日常生活，看起來也互不相同。

我們的共通點是：想要尋找被看見、被聽見、感到安全、受到尊重、被欣賞、被疼愛、被支持和接受挑戰的動機。我們想要什麼呢？那就是可以運用和拓展自身力量的自由，還擁有以我們自己認為適合的方式過理想生活的自由。

將意志力化為行動力！

這世界的女孩和年輕女性們正領導著氣候變遷的行動。這當中最引人注目的是格雷塔·童貝里（Greta Thunberg），她被《時代》雜誌評選為二〇一九年的年度風雲人物。格雷塔在十六歲的時候航行半個地球抵達聯合國，就她非常關切的「氣候變遷」議題，向整個世界發表演說。也因為這股熱血，她毫無倦怠的領導這項重大任務。

其他的女孩們也想要對抗氣候變遷。她們大聲疾呼、同心合作，並採取行動。伊斯拉・賀喜（Isra Hirsi）、賀雯・柯爾曼（Haven Coleman）和雅莉珊卓拉・維拉珊紐（Alexandria Villaseñor）一起創立了「美國青年氣候罷工」組織（U.S. Youth Climate Strike），這組織鼓勵學生走出校門，喚醒人們關注氣候變遷帶來的影響。十六歲的潔米・馬哥林（Jamie Margolin）和朋友娜迪亞・納薩爾（Nadia Nazar）、梅德琳・圖爾（Madelaine Tew）和札拿吉・艾爾提斯（Zanagee Artis）則是發起了「關鍵時刻」（Zero Hour）的社會運動組織。這日漸壯大的運動透過社群媒體來組織各種遊行、嘉年華、高峰會，以及不同資源和工具的共享。

成為改變的一分子

你生活在一個越來越多的年輕人——尤其是女孩們——啟發和創造改變的時代。快速的改變！你要如何利用自己的力量、發揮潛能，去抓住新機會呢？現在就是時候，放膽嘗試吧！

寫下一件你覺得我們的文化裡，或是這世界需要改變的事情。

有沒有哪樣行動是你明天就可以採取的？寫下自己能做到、能點燃新改變的一小步。記住，格雷塔·童貝里引領全球氣候變遷革命風潮的起步，就是從她在瑞典國會前一個人舉著標語牌子抗議開始的！

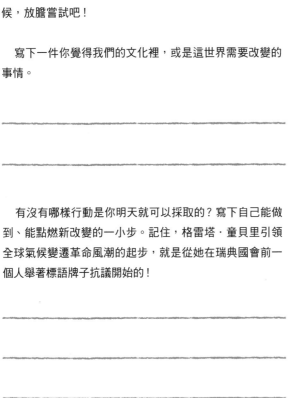

痛點 8

常常覺得自己一個人的力量很薄弱

有伴就不孤單，
力量加倍！

吉他社
四校聯合發表會
表演日期：11月14日
時間：下午4點半
地點：學校活動中心
表演曲目：
小幸運：琪琪
好想你　小薰＋言言
倔強：品軒
＠＠＠：＠＠
＃＃：＃＃＃

K校的副社長好厲害！
對，他還教了我新的指法。超讚的。
幸好你有提議跨校舉辦，別校超多高手。
我也學到很多，還交到新朋友。
嗚……
琪琪社長你怎麼了？
嗚……
我剛剛彈錯一個音，好丟臉。
一個音而已，沒關係啦，妳唱得好好聽，剛剛大家都很陶醉。
臺下一片叫好耶！
咦，有嗎？我沒聽出來。
真的嗎？
真的啦！

99分的學霸，差1分滿分還是很強。
我們給自己這組打分數70分，不過，剛剛是我們第一次上臺表演，我已經很滿意了。
對啊，琪琪，不要難過了，你真的很棒！
謝謝你們！
下一個就輪到我了，好緊張！
學長別怕，彈就對了。
拿出你「不能再高」的氣魄！
展現你最好的一面！
謝謝你們。

讓我們歡迎Ｍ校吉他社副社長品軒，為我們帶來壓軸曲——〈倔強〉！
學長加油！
我和我驕傲的倔強～
我在風中大聲的唱～

心理學家菲利浦、麥格勞（Phillip C. McGraw）有段名言「最重要的人際關係，就是你跟自己的關係，首先，你必須成為你自己的朋友」，能夠理解且支持眞實自我的人，比較能感到心理安適與穩定，但是這件事眞的好難啊，難免我們都會有像琪琪社長一樣，陷入表現不夠好的自我否定想法裡，或是像品軒學長一樣，需要一些自我突破的勇氣，這時候，我們眞的需要尋求一些支持的力量。

怎麼選擇能夠支持自己成長的朋友呢？這有幾個很重要的觀察點，最重要的觀察點是，當你成功的時候，她／他是否會為你感到開心？能夠擁有以你為榮的朋友，是非常幸運的事。這樣的朋友往往擁有比較穩定的自信，不會將你的成功視為對他的威脅，能區分你的成功與她／他自己的成功是兩回事，不會將你們的關係變成競爭關係，反而更看重自己的努力與成長。就像小薰與言言對琪琪社長與品軒學長的成果，表現出的祝福跟期待。

如果你在成功的時候感受到朋友的不友善或敵意，或是你在膽怯或自我否定時，無法感受朋友的肯定與鼓勵，我的建議是：換個朋友。離開讓自己挫敗的毒性關係，幫自己找個比較正向的關係吧。有時候你需要的，只是離開毒性關係的勇氣。讓我們接著來看看，什麼是比較正向的關係呢？

為「自己是誰」感到驕傲

身為人類，擁有最神奇的經驗之一，是我們和其他人以誠實、有意義的方式交流的時刻。當我們呈現完整的自我時，我們是真實存在的。我們稱這為「真實性」（authenticity）。

真實性的意思，是指我們表現真實的自己，而不是呈現我們覺得別人想要我們成為的模樣，或是表現出可能比真實的自己更好的模樣。當你是真實可靠的時候，你不會輕易改變自己的意見、目標、想法、希望、夢想，或是渴望妥協，來討好其他人。你不會犧牲自己的幸福，來滿足自己在其他人眼裡認為的模樣。你不會把自己拿來跟別人比較。

對真實的自己坦誠，將是你最困難的功課之一。為「自己是誰」感到驕傲，是需要勇氣的。有時候，我們需要花一輩子的時間到達這境界，但這也是唯一能在自己心裡找到平靜、和身邊的人形成真實持久的關係的方法。讓我們來看看，哪些方法能幫助你挖掘自己成長型心態，展現出你最真實的自我面貌。

做最真實的自己

當你可以做自己，而感到自由放鬆的時候，你是誰？你覺得自己很傻氣？搞笑？充滿好奇心？很生氣？悲傷？喜樂？煩躁？很沮喪？要讓真實自我成長的關鍵，在於和自己的情緒有所聯繫。當你查核自己的情緒時，要做自己就容易許多了。你知道不管自己此刻的感受和想法是什麼，都是真實且短暫的。你感覺到這股情緒，就讓它真實的展現；沒有人能說你的感受不是真的。這股情緒會消散，或許之後還會再回來。這就是事物的本質：它們來來去去。

把自我完全呈現出來，表示我們必須鬆手，放開對自己的評斷。不要把自己的感受或我們是誰，歸類成「好的」或是「壞的」——我們就是自己的樣子。我們也放開來自別人的評斷，不管是沉默的那種，或是在我們旁邊聒聒不斷說著的那種。不把自己跟其他人比較，希望擁有別人擁有的，看起來像別人看起來的樣子，或是做別人做的事情。

打破規則

把自己真實樣貌呈現出來，可能會讓你感到不舒服，因為有太多規則要求你應該怎麼呈現自我。這些規則是人編造出來的，只會限制你。即使是「應該」這個詞彙，都很限制人。

在下方的左欄裡，寫下女孩「應該」遵守的規則。在右欄裡，寫下一個打破規則的方法。這些才是你的新規則。

所謂的規則	打破規則
女孩應該要乖巧安靜。	女孩可以莽撞、高聲説話和勇敢。

我們也來寫下男孩「應該」遵守的同樣事情。

這些所謂的規則，傷害了所有（依生理特徵產生的）性別和（自己認同的）性別。

所謂的規則	打破規則
男孩不應該哭。	男孩有豐沛的感情，當然可以盡情哭泣！

勇敢，是日常的鍛鍊

設計和活出自己想要的生活，需要信心和勇氣。每一天，我們鍛鍊自己的信心和勇氣，我們是這些特質茁壯的因素。這裡有幾個方法範例，讓你可以在生活中鍛鍊自己的信心和勇氣。也可以跟朋友和家人分享這些唷！

- **呈現自己真實的樣子，而不是調整過的假裝版本！記住，這可能會因為你的人生旅程要帶你到哪裡、或是你的成長方式而有所改變。有時我們會比以前的自己更加成熟呢！**
- **大方分享你的看法和意見。你的想法和你的聲音很重要。**
- **提出問題。**
- **回答問題。**
- **告訴某人你的感受，或是告訴他們，他們如何傷害了你的感情。**
- **對你不想做的事情說「不」。**
- **對你想做卻因為緊張、害怕或是焦慮而不敢做的事情說「好」！**
- **在你決定要不要堅持下去時，提出疑問。**

◆尊重自己。
◆尊重別人。
◆稱讚自己。
◆稱讚別人。
◆傾聽自己說話。
◆傾聽別人說話。
◆捍衛自己。
◆捍衛其他人。
◆支持自己。
◆支持其他人。
◆踏出自己的舒適區。
◆嘗試新的東西。
◆接受挑戰。
◆從自己的錯誤中學習。
◆做自己的選擇和決定。

在日常生活中勇敢

寫下三件你每天會做的勇敢事情。可能是做某件很英勇的事，像是挺身對抗霸凌，或是做某件有意義的事，例如告訴你的老師，你需要幫助。

現在，專心想著一件在這週末之前，你想要嘗試做的一件勇敢事情。想像自己嘗試了、犯了錯誤，但還是堅持繼續。寫下這件你想勇敢嘗試的事情，也寫下冒風險是什麼樣的感覺。

團隊相挺的女力支持

當你展現真實的自己時，你等於也邀請了其他人做同樣的事情。而當我們所有人展現完整真實的自我時，神奇的事情就發生了。我們跟其他人有了連結，找到方法相互支持、打氣和讚許。當我們把個人的支持轉為對團體的支持，那會是很特別的一刻。

把個人支持轉變成團體的支持，在足球場上就曾發生過這樣的例子。職業女子足球員和女性倡議著艾比．萬巴赫（Abby Wambach）對這現象還取了特別的名稱，她把這種類型的集體性支持稱為「團隊相挺的女力支持」（rushing and pointing）。

艾比知道，當自己成功踢進一球，全是因為她的團隊的關係。因此，每次當她成功踢進一球的時候，她和她的隊友都會「衝上前擁抱和點名感謝」。所有隊友會衝向得分的隊友，當大夥圍成一團彼此慶賀的時候，得分的球員會說：「因為你們，我才能進這一球！」衝上前擁抱和點名感謝是在慶賀整個團隊，承認當大夥分享成功、振奮了每一個人，這種滋味才是最棒的。這就是女力的核心。

將意志力化為行動力！

艾比·萬巴赫（Abby Wambach）從四歲就開始踢足球。她感謝自己的姊姊和哥哥們不斷挑戰她，讓她成為更好的足球員。然而在她青少年和成人時期的生活裡，碰上了許多艱困的時刻。她的女同志身分讓她受到偏見，遭受到痛苦和霸凌。在球場上，她受到頭部受傷的挫折。憑藉著成長型思維，艾比帶出了自己最輝煌的一面！她贏得兩面奧運金牌，持有國際比賽進球數最多的世界紀錄，奪下國際足總女子世界盃（FIFA Women's World Cup）的冠軍，還六次當選美國足球年度最佳運動員的榮譽。今天，她對女性和女孩平權的倡議成就，超越了她在球場上的成績。

艾比的新規則

在艾比的書《狼群：如何團結起來，釋放我們的力量，扭轉局面》（Wolfpack: How to Come Together, Unleash Our Power, and Change the Game）中，她改寫了八條老舊規則：

老舊的規則
走在既有道路上。
感激自己擁有的事物。
等待走在前頭的人允許。
失敗表示你已經出局。
彼此對抗。
謹慎不冒險。
用優勢領導。
你得靠自己。

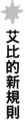

艾比的新規則

創造自己的道路。

感激自己擁有的事物，但也開口尋求自己值得的事物。

不管你在什麼位置，現在就走到前頭去。

失敗表示你終於進入這場比賽了。

彼此設想。

傳球，相信自己，爭取踢球。

用人性領導。栽培領導者。

你不孤單，你有你的女孩幫挺你。

艾比的這些規則跟你之前寫下的規則有沒有類似的地方呢？儘管放心使用或是調整她的這些規則。她也是你的女力支持團體的一分子！

全球串連的女力

全世界的女孩和女性聯合起來，相互支持、鼓舞和稱讚。我們可以看到很多強而有力的例子：

◆ 蜜雪兒·歐巴馬、馬拉拉·優薩福扎伊和歐普拉·溫芙蕾（Oprah Winfrey）聯手倡導全世界的女孩有受教育的權利。

◆ 梅琳達·蓋茲（Melinda Gates）倡導全世界性別平等和平權。

◆ 許多跟格雷塔·童貝格（Greta Thunberg）一樣的女孩們，加入領導氣候變化行動的行列。

◆ 由艾比·萬巴赫、梅根·那皮諾（Megan Rapinoe）和亞莉克絲·摩根（Alex Morgan）領軍的女子足球隊，為同工同酬的理念奮鬥。

◆ 葛洛麗亞·斯泰納姆（Gloria Steinem）和瑪莉亞·佩尼亞（Maria da Penha）女權運動人士開創很多女性論壇，來讓女性學習、分享和論證。

- ◆教師串聯起來，要確保在自己照顧、教導、支持學生和學生家庭的同時，也能得到同樣的支持。
- ◆政壇領袖人物如史黛西・艾布拉姆斯（Stacey Abrams）、潔辛達・艾爾登（Jacinda Ardern）和辛西雅・賽麥拉米斯（Cynthia Semíramis）共同合作，要讓更多女性贏得選舉擔任公職。

當我們相互支持、鼓舞和欣賞，就沒有任何事是我們做不到的。

當我們有半數人被阻擋在後頭，我們沒辦法做到完全的成功。我們呼籲全世界的姊妹們勇敢起來——擁抱她們內在的力量，並意識到她們的潛能。

——瑪拉拉・優薩福扎伊，女性教育維權運動人士和諾貝爾和平獎最年輕得主。

女孩支持女孩

你可能還沒意識到，自己其實已經在支持女性和女孩了。稱讚你自己，以及你鼓舞其他人的方式，是很重要的！或許你幫助了一位朋友做數學作業，協調兩位朋友平息爭吵，參加你朋友第一個籃球賽，或是組織了團體參加遊行。

列出兩件你這輩子曾經支持過其他女孩或女性的事。

1

2

現在，列出三種你可以幫助世界各地女孩的方法。

1

2

3

隨著時間改變和成長

我們已經談過，把我們自己和其他人做比較，以及把我們和以前的自己做比較，都是不公平的。為什麼呢？因為我們總是不斷改變和成長。

當我們看進自己的內心，以及自己的周遭，可以看見自己內在的世界和外在的世界總是不斷改變著。改變發生在我們身上，也發生在每一個我們認識的人身上。改變甚至也發生在植物和動物上呢！有哪些例子呢？

注意你的改變

你已經不是五年前、一個月前或甚至是一分鐘前的那個自己！列出你隨著時間過去而改變的地方。這可以包括你喜歡的嗜好、新的思考模式，或是某些改變了你的英勇行為。

成為無限可能的你

在這本書裡，你學到如何增加自己的能力、潛力和可能性。你讓這世界變得更好一些。該是慶祝的時候了！你要恭喜自己，因為是你把時間和精力貢獻給自己，讓自己內在的力量和資源成長。

你的能力和潛能無窮，因此想像在你眼前各種的可能性。你在學習、改變、成長，讓你整個生命更加進化。學習沒有一定得哪個年齡才能開始，它沒有年齡限制。因此，大方擁抱學習、慶祝學習，闊步向前去設計並活出你充實完滿的生活！讓我們一起追逐更大的夢想、發出耀眼的光芒，讓這世界成為更好的地方！

不放棄的女性絕不可能失敗。

——瑪麗・阿比蓋爾・萬巴赫（Mary Abigail Wambach），

美國女子職業足球員

13歲就開始 7

給中學生的成長型思維——女孩指南

The girls' guide to growth mindset : a can-do approach to building confidence, courage, and grit

作　　者｜坎卓兒．寇茲教育博士（Kendra Coates）
翻　　譯｜劉嘉路
漫畫腳本｜蔡珮瑤
漫　　畫｜吳宇實
插　　畫｜水腦
審　　定｜鄭皓仁心理師

責任編輯｜詹嬿馨
特約編輯｜蔡珮瑤
封面設計｜陳宛昀
內頁排版｜翁秋燕
行銷企劃｜李佳樺、王予農

天下雜誌群創辦人｜殷允芃
董事長兼執行長｜何琦瑜
兒童產品事業群
副總經理｜林彥傑
總編輯｜林欣靜
版權專員｜何晨瑋、黃微真

出版者｜親子天下股份有限公司
地址｜台北市104建國北路一段96號4樓
電話｜（02）2509-2800　傳真｜（02）2509-2462
網址｜www.parenting.com.tw
讀者服務專線｜（02）2662-0332　週一～週五：09:00~17:30
讀者服務傳真｜（02）2662-6048
客服信箱｜bill@cw.com.tw

法律顧問｜台英國際商務法律事務所．羅明通律師
製版印刷｜中原造像股份有限公司
總經銷｜大和圖書有限公司　電話：（02）8990-2588

出版日期｜2024年1月第一版第一次印行
定　　價｜420元
書　　號｜BKKKC253P
I S B N｜978-626-305-626-8（平裝）

訂購服務
親子天下 Shopping｜shopping.parenting.com.tw
海外．大量訂購｜parenting@cw.com.tw
書香花園｜台北市建國北路二段6巷11號　電話（02）2506-1635
劃撥帳號｜50331356 親子天下股份有限公司

國家圖書館出版品預行編目(CIP)資料

給中學生的成長型思維：女孩指南篇／坎卓兒．寇茲教育博士文；吳宇實漫畫；劉嘉路譯. -- 第一版. -- 臺北市：親子天下股份有限公司, 2024.1
228面；14.8x21公分. --（13歲就開始；7）
譯自：The girls' guide to growth mindset : a can-do approach to building confidence, courage, and grit.
ISBN 978-626-305-626-8（平裝）
1.CST: 修身 2.CST: 思維方法 3.CST: 生活指導 4.CST: 中學生

192.12　　112017262